DIE ELBE

VON HELGOLAND BIS MAGDEBURG

AUSGABE 2012/13

Die vorliegende Ausgabe wurde nach amtlichen Angaben und anderen zuverlässigen Quellen mit größter Sorgfalt überarbeitet, erweitert und geprüft. Trotzdem kann für die absolute Richtigkeit und Vollständigkeit keine Gewähr übernommen werden.

Nach Drucklegung erfolgte Änderungen werden bis zu einer Neuauflage nicht berichtigt.

Wir danken dem Bundesamt für Seeschifffahrt und Hydrographie für die Genehmigung zur Übernahme ihrer Daten, den Wasser- und Schifffahrtsämtern und allen Freunden für ihre tatkräftige Hilfsbereitschaft, Unterstützung und aufmerksames Mitlesen.

Ganz besonders danken wir Marcus Boehlich für wertvolle Hinweise im Sinne aller Segler, insbesondere für die sachkundigen Beiträge zu den Gezeiten.

In der beigefügten Plastikhülle kann der Elbe-Atlas aufgeschlagen im Format DIN A3 gelesen werden.

Bernadottestraße 73 · 22605 Hamburg
Tel.: 040/8806129 · Fax: 040/8803426
www.die-elbe.de · info@die-elbe.de

Impressum:
© Peschke Verlag, Hamburg
bearb. + erw. Auflage 2012

Alle Rechte, auch die des auszugweisen Nachdrucks und
der fotomechanischen Wiedergabe, vorbehalten.

Druck: Evert Druck

ISBN: 3-930414-07-4

Haftungsausschluß:
Der Inhalt wurde nach amtlichen Angaben und anderen
zuverlässigen Quellen mit größter Sorgfalt erweitert, überarbeitet und geprüft. Die Herausgeber und der Verlag übernehmen jedoch keine Haftung für die absolute Richtigkeit und
Vollständigkeit. Jeder Benutzer muß die übrigen nautischen
Unterlagen verwenden sowie alles mit den gegeben Verhältnissen vergleichen, um damit für die sichere Führung seines
Fahrzeuges zu sorgen.

INHALT

Allgemeines	Seite
Wetterberichte, Lagemeldungen, Radarberatung	4
Erklärung der Karten	5
Bezeichnung der Fahrwasserseiten	5
Verbotszeichen	6
Gebotszeichen + andere Kennzeichnungen	7
Warn- + Hinweiszeichen	8
System der Befeuerung (SeeSchStr.)	9
Lichterführung	10
Ausweich- und Vorfahrtregeln	12
Verkehrstrennungsgebiete	13
Notsignale	14
Schallsignale, Seenotleitung DGzRS	15
Ausländische Flaggen	16
Signalflaggen + Flaggensignale	17

Kanäle:

Hinweise für den Nord-Ostsee-Kanal	18
Richtlinien für den Elbe-Lübeck-Kanal	19
Karte Elbe-Seitenkanal	20
Karte Elbe-Lübeck-Kanal	20
Karte Nord-Ostsee-Kanal	20
Elbe-Weser-Schifffahrtsweg	22
Tipps für Tidengewässer	24
Die Gezeiten, Spring- und Nipptiden	25
Informationen zum Ankern auf der Unterelbe	28
Bitte beachten	28
Brücken und Sperrwerke der Nebengewässer	58

Wichtige Informationen für das Befahren der Binnenwasserstraßen

Pegel für den Tidenbereich der Oberelbe	62
Schifffahrtszeichen in BinSchStr.	23
Hinweise für BinSchStr.	80
Vorschriften für den Hamburger Hafen	83
Hinweise für Kleinfahrzeuge + Wasserski	87
Nautischer Informationsfunk auf der Oberelbe und auf den Kanälen nach Berlin	74
Bezeichnung der Fahrrinne für die Radarschifffahrt	66

Karten und Hafenbeschreibungen	Seite
Übersichtskarten	27
GPS-Hinweise	29
Karte 1 Helgoland – Elbmündung	29
Karte 2 Meldorfer Bucht	32
Detailkarte Neuwerk	34
Karte 3 Elbmündung	35
Karte 4 Cuxhaven – Belum	39
Karte 5 Belum bis Scheelenkuhlen	43
Detailkarte Stör	46
Karte 6 Scheelenkuhlen – Bielenberg	47
Detailkarten Krückau, Pinnau	50
Karte 7 Bielenberg – Lühe	51
Detailkarte Haseldorfer Binnenelbe	54
Karte 8 Lühe – Köhlbrand	55
Karte 9 Köhlbrand – Warwisch	59
Karte 10 Warwisch – Lauenburg	63
Karte 11 Sassendorf – Schnackenburg	67
Karte 12 Schnackenburg – Tangermünde	71
Karte 13 Tangermünde - Schönebeck	75
Die wichtigsten Wasserstraßen nach Berlin	78
Pläne des Hamburger Hafens	81 - 84
Die Alster	85
Übersichtskarte der Eider	88 - 89

Tidenkalender 2012 (Auszug)

Hamburg St. Pauli + Bezugsorte Niederelbe	90

Tidenkalender 2013 (Auszug)

Hamburg St. Pauli + Bezugsorte Niederelbe	91

Gezeitenunterschiede gegen HH-St. Pauli	92

WETTERBERICHTE

1. Rundfunksender

NDR 4 Frequenz MW 972 kHz

täglich 08.30 Uhr + 22.05 Uhr + 00.05 Uhr

Seewetter und Wind, Seewetterwarnungen

NDR info auf UKW

10.00 Uhr + 22.00 Uhr Wasserstandsmeldungen

NDR 2 und NDR 3 auf UKW nach den Nachrichten

Windvorhersage um 09.00, 10.00, 11.00, 13.00,

19.00, 20.00, 22.00, 0.00 Uhr

DLF Frequenz 1269 kHz, 6190 kHz, tgl. 01.05, 06.40 und

11.05, 21.05 Uhr, Wetterlage, Vorhersage, Stationsmeldungen

R.S.H. (01.05 - 30.09.) tägl. 08.40 + 14.40 Uhr

FFN (01.04. - 30.09.) tägl. 08.45 + 14.45 Uhr

2. Beratung des Seewetteramtes Hamburg

Seewetterberatung nach Kundenwunsch 35 Euro

Tabellarische Seewettervorhersage ab 20 Euro

weiteres auf Anfrage

Telefon: 040/6690-1811

Fax: 040/6690-1261, -1262

www.dwd.de

mailrouting@dwd.de

ANSCHRIFT: Seewetteramt Hamburg,

Bernhard-Nocht-Str. 78, 20359 Hamburg

RADARBERATUNG

Fahrzeuge, die an der Beratung teilnehmen wollen oder eine Information wünschen, melden sich bei der Revierzentrale auf dem unten angegebenen Kanal unter Angabe von: Schiffsname, Nationalität, Schiffsgröße in BRT, Tiefgang + Fahrtrichtung sowie möglichst genaue Angabe des derzeitigen Schiffsortes. Erst nach der Bestätigung der Revierzentrale, daß das Echo erkannt ist, nehmen diese Fahrzeuge an der Beratung oder dem Informationsdienst teil.

Radarbereiche innerhalb der Nautischen Zentrale Hamburg:
Der Verkehrskanal für den Hamburger Hafen ist UKW-Kanal 74

LAGEMELDUNGEN

Lagemeldungen werden von der Verkehrszentrale Cuxhaven für den Bereich der östlichen Deutschen Bucht (Elbe Ansteuerung Revier) und für den Bereich der Außenelbe (Neuwerk Radar I bis Belum Radar) um h + 35 min auf **UKW-Kanal 71** und von der Verkehrszentrale Brunsbüttel für den Bereich der Unterelbe (Brunsbüttel Radar I bis Wedel Radar) um h + 05 min auf **Kanal 68** durchgegeben.

Die Lagemeldungen enthalten:

1. Sichtverhältnisse zwischen Neuwerk und Wedel
2. Wettermeldungen Außenelbe und Brunsbüttel
3. Wind/Sturmwarnung für die deutsche Nordseeküste
4. Lotsversetzdienstzeiten in der Außenelbe
5. Tidemeldung
    a) höher/niedriger
    b) aktueller Pegelstand
    c) Tendenz
6. Wasserstandvorhersage des BSH Hamburg für
    a) Cuxhaven
    b) Hamburg
7. Ankerlieger und Elbe Pier Belegungen
8. Störungen an Seezeichen
9. Baggerarbeiten, Schifffahrtshindernisse und schutzbedürftige Anlagen (Stack- und Uferbauarbeiten, Taucher- und Bergungsarbeiten, etc.)
10. Sonstige außergewöhliche Ereignisse

Bereich/Tonne	Küstenfunkstelle	UKW-Kanal
Tonne Elbe - 5	Elbeansteuerung Ost Radar	19
3 - 15	Scharhörn Radar	18
13 - 29	Neuwerk Radar	05
27 - 41	Cuxhaven Radar	21
39 - 53	Belum Radar	03
51 - 59	Brunsbüttel Radar I	62
NOK - Verkehr	Brunsbüttel Radar II	67
57 a - 65	St. Margarethen Radar	18
63 - 77	Freiburg Radar	61
75 - 89	Rhinplatte Radar	05
87 - 103	Pagensand Radar	66
101 - 115	Hetlingen Radar	21
113 - 125	Wedel Radar	60
	Hamburg:	
125 - 129		19
129 - Seemannshöft		03
Seemannshöft		63
Vorhafen		07
Kuhwerder Vorhafen-Norderelbbrücken		05
Köhlbrand-Harburger Hafen		80

ERKLÄRUNG DER KARTEN

Die Wasserflächen teilen sich wie folgt auf:

weiß	Gebiete, die bei mittlerem Niedrigwasser tiefer als 2 m sind. Zahlen sind Tiefenangaben.
blau	kennzeichnet die 0 – 2 m-Linie bei mittlerem Niedrigwasser.
graubraun	Watten; Zahlen sind Höhenangaben bei mittlerem Niedrigwasser. Bei Flut überspült.

Bei anhaltendem Ostwind kann der Wasserstand um etwa 1m und mehr unter Kartennull fallen. Ebenso hat anhaltender Westwind einen höheren Wasserstand zur Folge.

Das mittlere Hochwasser errechnet sich aus mittlerem Niedrigwasser + Tidenhub (s. Tidenkurven).

Kennzeichnung der übrigen Flächen:

grün	Außendeichgebiete, die normalerweise nicht überspült werden.
hellgrün	Binnendeichgebiete
rosa	Geestgebiete
–·–·–·–	4 m Linie
·· ·· ··	2 m Linie

Alle Tiefenzahlen beruhen auf den vor Drucklegung vorliegenden neuesten Lotungen. Da sich die Sände aber vielfach verlagern, muß mit Veränderungen dauernd gerechnet werden.

BEZEICHNUNG DER FAHRWASSERSEITEN
(Laterale Zeichen)

Steuerbordseite des Fahrwassers

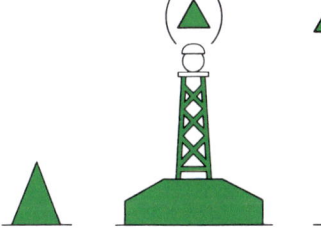

FARBE:	grün
FORM:	Spitztonne, Leuchttonne oder Stange
TOPPZEICHEN (wenn vorhanden):	grüner Kegel Spitze nach oben oder Besen abwärts; Stangen sind immer mit Toppzeichen versehen
FEUER	(wenn vorhanden): Farbe: grün Kennung: Blz, Blz (2), Ubr (2), Ubr (3), Fkl oder Fkl unt.
Beschriftung:	Fortlaufende ungerade Nummern – von See beginnend oder nach festgelegter Richtung – ggfs. mit einem kleinen angehängten Buchstaben ggfs. in Verbindung mit dem (abgekürzten) Namen des Fahrwassers.

Backbordseite des Fahrwassers

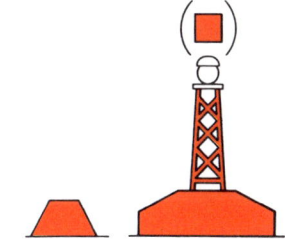 

FARBE:	rot
FORM:	Stumpftonne, Leuchttonne, Spierentonne, Stange oder Pricke
TOPPZEICHEN (wenn vorhanden):	roter Zylinder oder Besen aufwärts; Stangen sind immer mit Toppzeichen versehen
FEUER	(wenn vorhanden): Farbe: rot, Kennung: Blz, Blz (2), Ubr (2), Ubr (3), Fkl oder Fkl unt.
Beschriftung:	Fortlaufende gerade Nummern – von See beginnend oder nach festgelegter Richtung – ggfs. mit einem kleinen angehängten Buchstaben ggfs. in Verbindung mit dem (abgekürzten) Namen des Fahrwassers.

BEZEICHNUNG VON ABZWEIGENDEN ODER EINMÜNDENDEN FAHRWASSERN

Steuerbordseite des durchgehenden Backbordseite des abzweigenden Fahrwassers

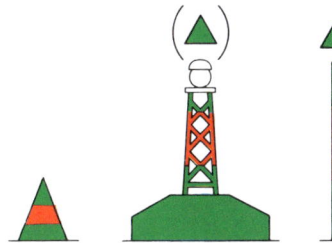 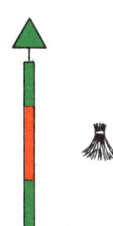

FARBE	grün mit einem waagerechten roten Band
FORM:	Spitztonne, Leuchttonne oder Stange
TOPPZEICHEN	grüner Kegel, Spitze oben oder Besen abwärts
FEUER:	(wenn vorhanden): Farbe: grün Kennung: Blz. (2 + 1)

Beschriftung (wenn vorhanden): Unter der fortlaufenden ungeraden Nummer der Lateralbezeichnung des durchgehenden Fahrwassers, durch waagerechten Strich getrennt, der Name – ggf. abgekürzt – und die erste Nummer des abzweigenden oder die letzte Nummer des einmündenden Fahrwassers.

Backbordseite des durchgehenden Steuerbordseite des abzweigenden Fahrwassers

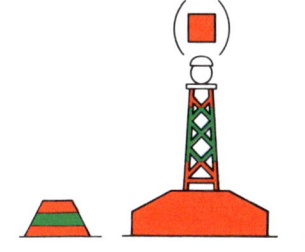 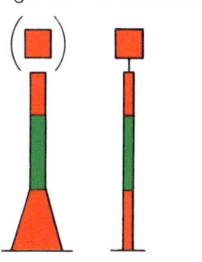

FARBE:	rot mit einem waagerechten grünen Band
FORM:	Stumpftonne, Leuchttonne, Spierentonne oder Stange
TOPPZEICHEN:	roter Zylinder oder Besen aufwärts
FEUER:	(wenn vorhanden): Farbe: rot Kennung: Blz. (2 + 1)

Beschriftung (wenn vorhanden): Unter der fortlaufenden geraden Nummer der Lateralbezeichnung des durchgehenden Fahrwassers, durch waagerechten Strich getrennt, der Name – ggf. abgekürzt – und die erste Nummer des abzweigenden oder die letzte Nummer des einmündenden Fahrwassers.

Die Tonnen liegen im Hauptfahrwasser in der Regel

- an der 10-m-Grenze von der Mündung bis Brunsbüttel
- an der 8–10-m-Grenze von Brunsbüttel bis Hamburg
- an der 4-m-Grenze in Nebenfahrwassern
- an der 2-m-Grenze in engeren Fahrwassern (Mühlenberger Loch)

P r i c k e n und S t a n g e n werden benutzt, um noch engere Fahrwasser und kleine Einfahrten zu bezeichnen.

VERBOTSZEICHEN

 Überholverbot
für alle Fahrzeuge

 Festmachverbot für die nachfolgende Strecke an dem Ufer, an dem die Tafel aufgestellt ist

 Überholverbot
für Schleppverbände

 Liegeverbot

 Begegnungsverbot
an Engstellen, in denen das Begegnen verboten und die Vorfahrt nach § 25 Abs.3 zu beachten ist

 Fahrverbot für Maschinenfahrzeuge bei Badestellen

 Wendeverbot

 Geschwindigkeitsbeschränkung wegen Gefährung durch Sog und Wellenschlag

 Geschwindigkeitsbeschränkung

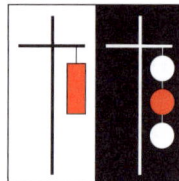 Verbot, so schnell zu fahren, daß Gefährdung durch Sog oder Wellenschlag eintritt

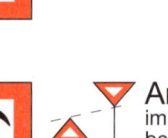 Ankerverbot
im Uferbereich im Abstand von < 300 m beiderseits der Linie, die die Tafeln oder Tonnen verbindet

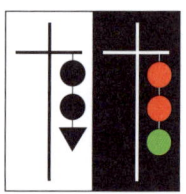 Außergewöhnliche Schiffahrtsbehinderung

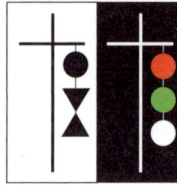 Sperrung der gesamten Seeschiffahrtsstraße oder einer Teilstrecke

 Aufforderung zum Anhalten durch Fahrzeuge des öffentl. Dienstes.
Als Lichtsignal gegebenes "L" oder Flagge "L" des Intern. Signalbuches

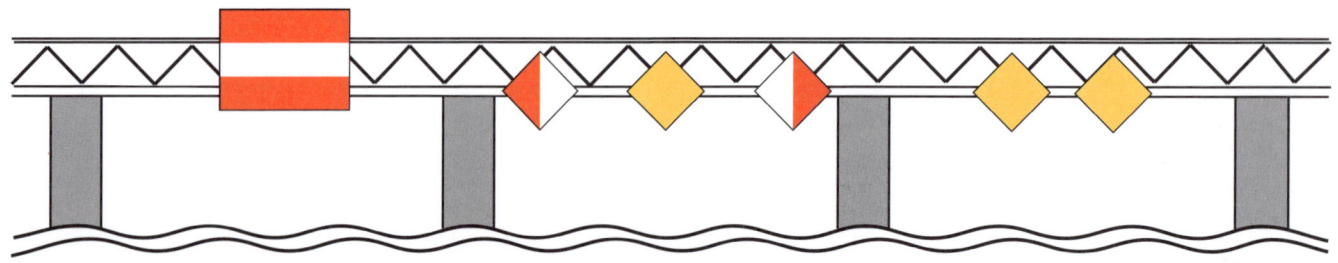

Sperrung der gesamten Seeschiffahrtsstraße oder einer Teilstrecke

empfohlene Brückendurchfahrt mit Gegenverkehr

die rot/weißen Tafeln begrenzen den erlaubten Durchfahrtsraum

Brückendurchfahrt, nur in einer Richtung befahrbar

GEBOTSZEICHEN UND ANDERE KENNZEICHNUNGEN

Gebotszeichen

 Anhalten vor Brücken, Sperrwerken, beweglichen Schleusen, solange die Durchfahrt nicht freigegeben ist.

 Achtung, die Aufmerksamkeit erhöhen

 Gebot, Schallsignal zu geben

 Fahrzeuge auf der Hauptwasserstraße dürfen bei Einfahrt nicht behindert werden

 Einhalten eines Fahrabstandes vom Ufer (Mindestabstand hier: 20 m)

 Ende einer Gebots- oder Verbotsstrecke

 Empfehlung, die angegebene Richtung zu fahren

Hinweiszeichen (BinSchSr.)

 Einfahrt

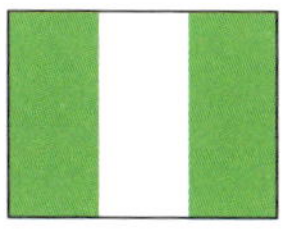

 Liegeplatz

 Wendestelle

 Hinweis auf kreuzende Freileitung

 Hinweis auf Stauanlage (Wehr)

 Hinweis auf Abzweig oder Einmündung eines Nebenfahrwassers

 Lage des Fahrwassers am rechten Ufer

 Lage des Fahrwassers am linken Ufer

 An-/Abfahrtsbake rechtes Ufer

 An-/Abfahrtsbake linkes Ufer

 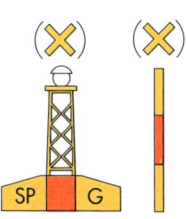

Sperrgebiete

Verbot, die gesperrte Wasserfläche zu befahren - mit Ausnahme der berechtigten Fahrzeuge
Farbe: bei **Tonne** – gelb mit einem, von oben gesehen, rechtwinkligen roten Kreuz
bei **Stange** – gelb mit einem roten Band

Form: Faßtonne, Leuchttonne oder Stange
Beschriftung: nur auf Tonne mit schwarzen Buchst. "Sperrgebiet" oder "Sperr-G."
Toppzeichen (wenn vorhanden): gelb liegendes Kreuz. Stangen sind immer mit Toppzeichen versehen

Feuer (wenn vorhanden): Farbe: gelb Kennung: Blz. Ubr. (2) Ubr.(3)

WARN- UND HINWEISZEICHEN

Einzelgefahrzeichen / Isolated danger marks

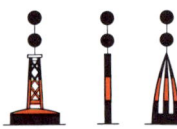

Farbe: schwarz mit einem breiten waagerechten roten Band
Form: Leuchttonne, Bakentonne, Spierentonne
Toppzeichen: zwei schwarze Bälle übereinander
Feuer (wenn vorhanden): Farbe: weiß

Colour: black with one or more red horizontal bands
Shape: light buoy, spar or pillar buoy
Topmark: black double spheres
Lights (if fitted): colour: white

Mitte-Fahrwasser-Zeichen / Safe Water Marks

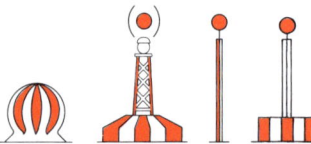

Farbe: rote und weiße senkrechte Streifen
Form: Kugel, Leuchttonne, Spierentonne oder Stange (ggf. ohne F
Toppzeichen (wenn vorhanden): ein roter Ball
Feuer (wenn vorhanden): Farbe weiß, Kennung Glt. oder Ubr.

Colour: red with white vertical band
Shape: spherical buoy, light buoy or spar
Topmark (if fitted): red sphere
Lights: colour: white, rhythm Iso or Occ

Sonderzeichen / Special Marks

Kennzeichnung allgemeiner Reeden
Marking of general roadsteads

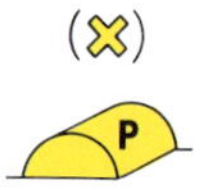

Kennzeichnung von Reeden für Fahrzeuge, die bestimmte gefährliche Güter befördern
Marking of anchorages for vessels carrying certain dangerous goods

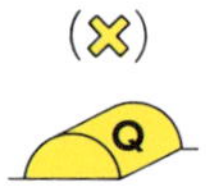

Kennzeichnug von Reeden für unter Quarantäne stehende Fahrzeuge
Marking of anchorages for vessels under quarantine

 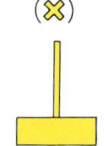  

Kennzeichnung besonderer Gebiete u. Stellen
Beispiele:
Warngebiet-Beschriftung: „Warngebiet"/„Warn G"
Warnstelle-Beschriftung: „Warnstelle"/„Warn St"
Fischereigründe-Beschriftung: „Fischerei"/„Fisch"
Baggerschüttstelle-Beschriftung: „Schüttstelle"/„Schütt St"
Kabel- und Rohrleitungen-Beschriftung: „Kabel"/„K"/„Pipeline"/„Pipe"
Festmachetonne-Beschriftung: „Festmachen"/„Festm."
Ozeanographische Meßstation: „ODAS"

Special area and feature marks
Danger area-inscription: – "Warngebiet"/"Warn G"
Isolated danger-inscription: – "Warnstelle"/"Warn St"
Fishing grounds-inscription: – "Fischerei"/"Fisch"
Spoil area-inscription: – "Schüttstelle"/"Schütt St"
Cables and pipelines-inscription: – "Kabel"/"K"/"Pipeline"/"Pipe"
Mooring buoy-inscription: – "Festmachen"/"Festm."

Oceanografic measure station: "ODAS"

Fähren / Ferries

freifahrende Fähre / autonomous ferry   nicht freifahrende Fähre / non-autonomous ferry

Kardinale Zeichen / Cardinal marks

Form: Leuchttonne, Spiere oder Bakentonne
Toppzeichen: zwei schwarze Kegel übereinander
Feuer (wenn vorhanden): Farbe: weiß

Shape: light buoy, spar or pillar buoy
Topmarks: black double cones
Lights (if fitted): colour: white

Gefahrenstellen
Allgemeine Gefahrenstellen (z. B. Untiefen, Wracks, Buhnen und sonstige Schiffahrtshindernisse). Eine allgemeine Gefahrenstelle ist in der Regel mit kardinalen Zeichen bezeichnet. Sie kann auch mit lateralen Zeichen bezeichnet sein.

Danger points
General danger points (e. g. shoals, wrecks, groins and other dangers). As a rule a general danger point is marked with cardinal marks. However lateral marks may be used.

Durchfahren von festen Brücken / Passing through fixed bridges

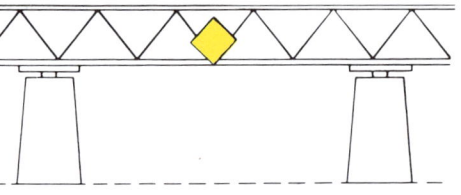

in beiden Richtungen befahrbar
open to traffic in both directions

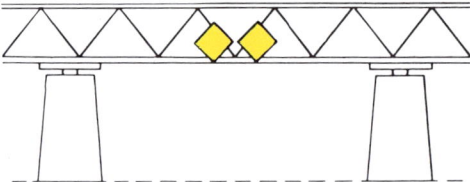

in einer Richtung befahrbar (Gegenverkehr gesperrt)
open to traffic in one direction (no passage in opposite direction)

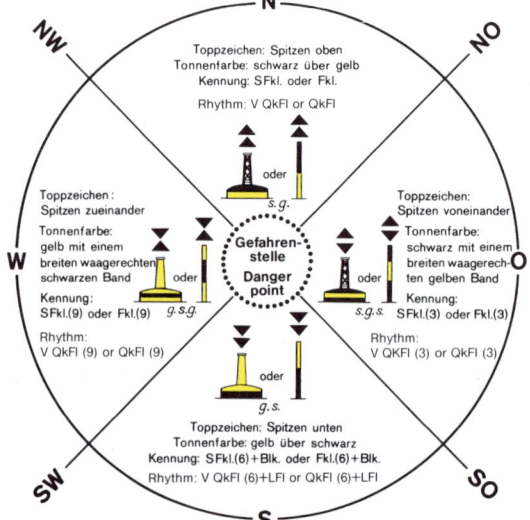

Verkürzter Text der Seeschiffahrtsstraßenordnung · Contracted text of Inland Waterways Traffic Regulations

DAS SYSTEM DER BEFEUERUNG AUF DEN SEESCHIFFFAHRTSSTRASSEN

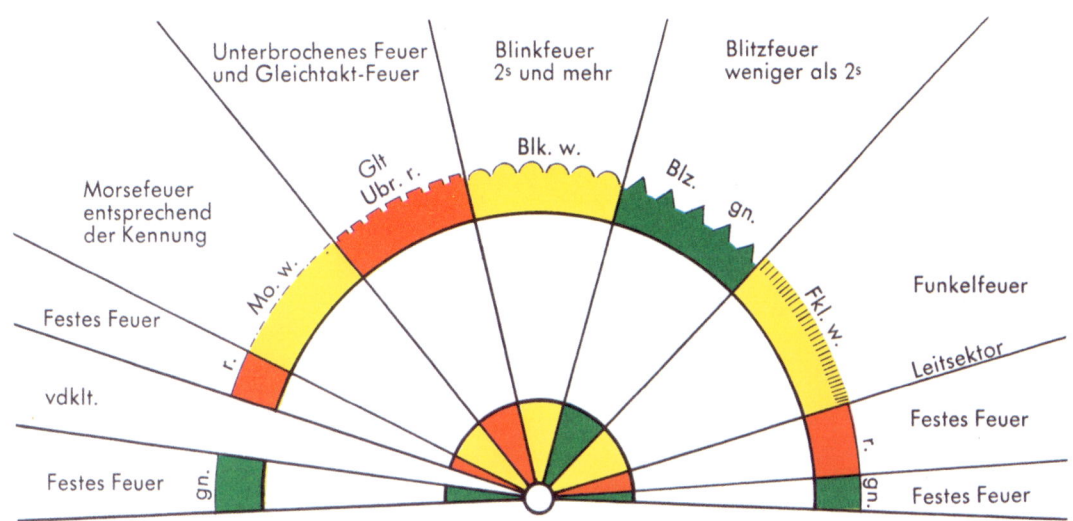

Befeuerung heißt die Bezeichnung von Punkten, Linien oder Wasserflächen mit Leuchtfeuern.

RICHTFEUER

Wo die Form des Flußlaufes es gestattet, wird die Navigation durch Richtfeuer erleichtert, das heißt durch paarweise in einiger Entfernung hintereinander an Land aufgestellte Leuchttürme.

Sie zeigen in der Regel unterbrochenes Feuer mit Einzelunterbrechungen im Gleichtakt. Von der Mitte des Fahrwassers gesehen erscheinen die beiden Feuer „in Linie". Verläßt man die Linie, so erscheinen die Feuer mehr oder weniger „offen".

Man hält sich im allgemeinen etwas rechts von der Linie, so dass die Feuer eben offen an Backbord stehen, da sehr große Schiffe oft genau in der Richtlinie fahren. Die Warnsektoren sind, soweit vorhanden, beim Aufkreuzen eine angenehme Hilfe, um zu erkennen, wann über Stag gegangen werden muss.

Fährt man weiter auf die Richtfeuer zu und nähert sich dem Ufer, so erscheint je nach Form des Flußlaufes entweder an Steuerbord oder an Backbord ein neues Paar Richtfeuer in Linie oder ein Leitsektor, dem man nunmehr folgt. Wenn an der Innenseite der Kurve eine gefährliche Sandbank liegt (z.B. Brammer Bank oder Schwarztonnen-Sand) warnen Leuchttonnen.

Läßt die Form des Flußlaufes das Aufstellen einer neuen Richtlinie voraus nicht zu, wird eine Richtlinie achteraus aufgestellt.

LEUCHTFEUER

Ist das Aufstellen einer Richtlinie nicht möglich, wird das Fahrwasser durch einen Leitsektor bezeichnet.

Für Leitfeuer gilt die Regel:

Leitsektor   vorzugsweise weißes Festfeuer

Warnsektor   grünes Festfeuer oder ungerade Zahl weißer Blitze an der Steuerbordseite, rotes Festfeuer oder gerade Zahl weißer Blitze an Backbordseite des Fahrwassers oder der Einfahrt oder des freien Seeraums im Leitsektor des auf das Feuer zufahrenden Fahrzeugs.

QUERMARKENFEUER

zeigen durch Übergang von einer Kennung in eine andere in der Regel die Grenze des nutzbaren Bereichs der Richtlinien- und Leitfeuer an.

FUNKELFEUER   50-60 Blitze/min

SCHNELLFUNKELFEUER   100-120 Blitze/min

GLEICHTAKTFEUER   Licht + Pause gleich lang

LICHTERFÜHRUNG (AUSWAHL)

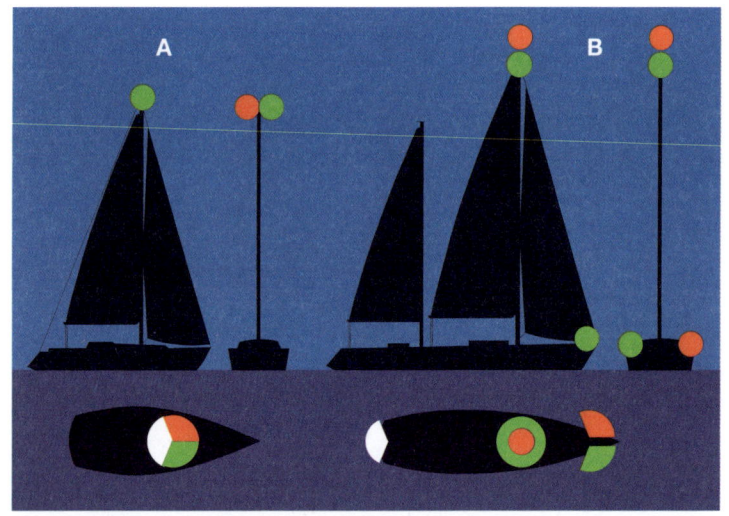

Segelfahrzeug in Fahrt:
A: Unter 20 m - darf die Seitenlichter und das Hecklicht in einer Dreifarben-Laterne im Masttopp führen.

Wenn ein Segler unter 7m die vorgeschriebenen Lichter nicht führen kann, muss ein weisses Licht zur Hand sein und rechtzeitig gezeigt werden.

B. Über 20 m

Maschinenfahrzeug in Fahrt

Maschinenfahrzeug in Fahrt über 50m

Ankerlieger:
A: Über 50m
B. Unter 50m

Nicht freifahrende Fähre

Fischendes Fahrzeug in Fahrt (Trawler)

Fischendes Fahrzeug in Fahrt (Nicht-Trawler)
A: Zeigt die Richtung an, in der das Fanggerät ausliegt.

Schleppzug unter 200 m

Manövrierbehindertes Fahrzeug, das baggert oder Unterwasserarbeiten ausführt mit Fahrt durchs Wasser.
Ohne Fahrt durchs Wasser werden kein Hecklicht sowie keine Topp- und Seitenlichter gezeigt.

Polizeifahrzeug oder Fahrzeug des öffentlichen Dienstes im Einsatz.

AUSWEICH- UND VORFAHRTREGELN

Kollisionsverhütungsregeln (KVR)

Die Ausweichregeln der KVR gelten uneingeschränkt außerhalb der Fahrwasser der Seeschifffahrtsstraßen-Ordnung (SeeSchStrO), innerhalb aber nur dann, wenn in der SeeSchStrO nichts anderes bestimmt ist. Sie müssen von allen Fahrzeugen beachtet werden, die einander optisch in Sicht haben. Dabei ist die Lage beim Insichtkommen maßgebend. Jedes Manöver zur Vermeidung eines Zusammenstoßes muß, wenn es die Umstände zulassen, entschlossen, rechtzeitig und so ausgeführt werden, wie gute Seemannschaft es erfordert, und muß zu einem sicheren Passierabstand führen. Änderungen des Kurses und/oder der Geschwindigkeit bei Ausweichmanövern müssen, wenn möglich, so reichlich bemessen sein, daß das andere Fahrzeug sie auch schnell erkennen kann. Mehrere aufeinanderfolgende kleine Änderungen von Kurs und/oder Geschwindigkeit sollen deshalb vermieden werden.

Maschinenfahrzeuge untereinander

Nähern sich zwei Maschinenfahrzeuge auf entgegengesetzten oder fast entgegegesetzten Kursen einander so, daß die Möglichkeit der Gefahr eines Zusammenstoßes besteht, müssen beide Fahrzeuge nach Steuerbord ausweichen, damit sie einander an der Backbordseite passieren.

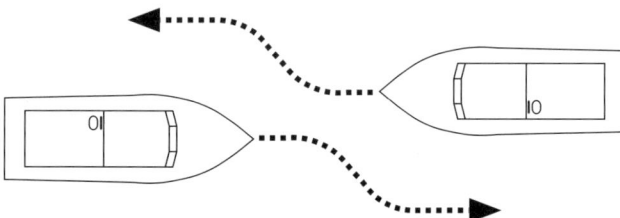

Kreuzen sich die Kurse zweier Maschinenfahrzeuge so, daß die Möglichkeit der Gefahr eines Zusammenstoßes besteht, muß dasjenige, das das andere Fahrzeug an seiner Steuerbordseite hat (hell), diesem ausweichen.

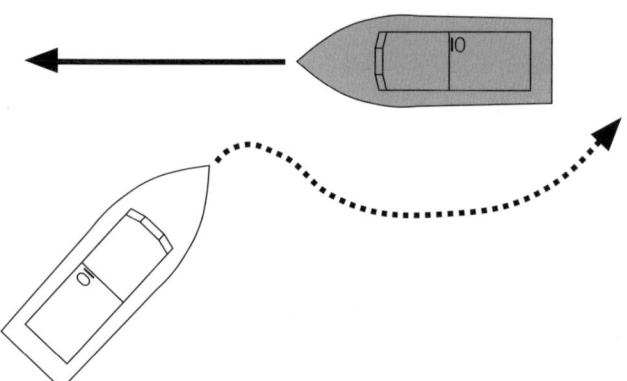

Segelfahrzeuge untereinander

Nähern sich zwei Segelfahrzeuge einander so, daß die Möglichkeit der Gefahr eines Zusammenstoßes besteht, so muß, wenn beide den Wind von der selben Seite haben, das luvwärtige Fahrzeug (hell) dem leewärtigen ausweichen.

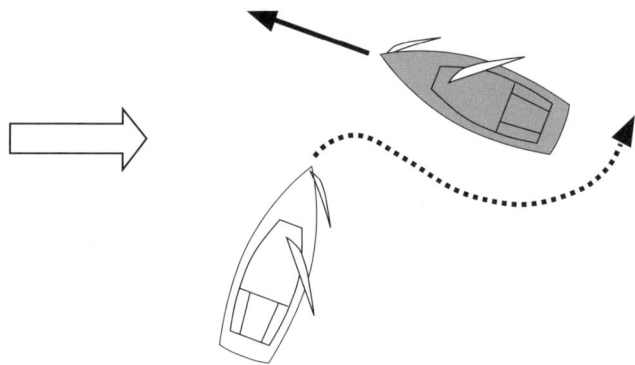

Haben zwei Segelfahrzeuge den Wind nicht von der selben Seite, so muß dasjenige ausweichen, das den Wind von Backbord (hell) hat.

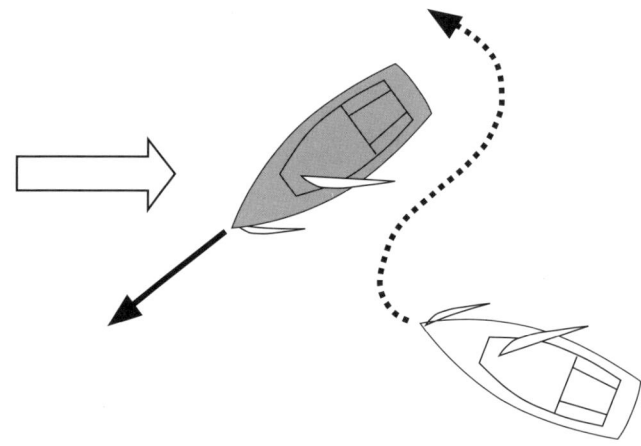

Wenn ein Segelfahrzeug mit Wind von Backbord ein Segelfahrzeug in Luv sichtet und nicht mit Sicherheit erkennen kann, von welcher Seite dieses den Wind hat (z.B. nachts), so muß es dem anderen ausweichen.

Maschinenfahrzeug und Segelfahrzeug

Wenn ein Maschinenfahrzeug und ein Segelfahrzeug so steuern, daß die Möglichkeit der Gefahr eines Zusammenstoßes besteht, muß das Maschinenfahrzeug (dkl.) dem Segelfahrzeug ausweichen, es sei denn, daß das Maschinenfahrzeug auf das Fahrwasser angewiesen ist.

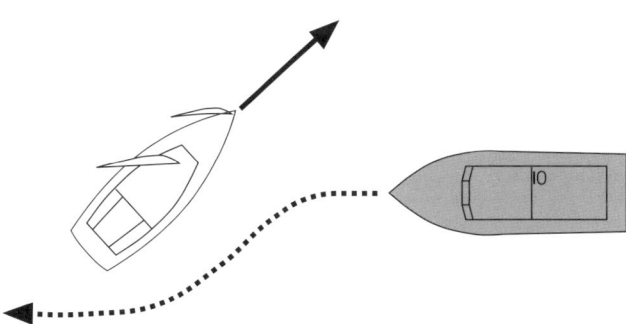

Fahrzeug und fischendes Fahrzeug

Fahrzeuge (hell) müssen wie alle übrigen Fahrzeuge, mit Ausnahme der manövrierunfähigen oder manövrierbehinderten, fischenden Fahrzeugen, die als solche gekennzeichnet sind, ausweichen.

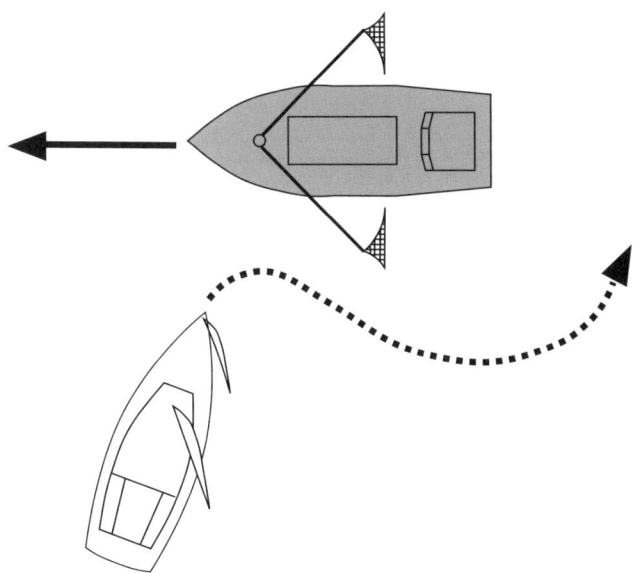

Fahrzeug und manövrierbehindertes Fahrzeug

Fahrzeuge, und zwar sowohl Maschinen- als auch Segelfahrzeuge, müssen einem manövrierbehinderten Schiff ausweichen, das neben den ansonsten vorgeschriebenen Lichtern oder Signalkörpern mit einem schwarzen Ball, einem schwarzen Rhombus und einem schwarzen Ball senkrecht untereinander am Tage bzw. einem roten, einem weißen und roten Rundumlicht senkrecht untereinander bei Nacht gekennzeichnet ist.

VERKEHRSTRENNUNGSGEBIETE

In vielen Gewässern sind Verkehrstrennungsgebiete, „Autobahnen" auf See, eingerichtet worden. Die Lage der Verkehrstrennungsgebiete mit der vorgeschriebenen Fahrtrichtung kann den Seekarten entnommen werden. Verkehrstrennungsgebiete sind im Prinzip international einheitlich; sie werden international als Traffic Separation Scheme (TSS) bezeichnet.

Die entgegengesetzten Verkehrsströme werden durch eine Trennzone bzw. Trennlinie auseinander gehalten. Das Verkehrstrennungsgebiet dient in erster Linie dem Durchgangsverkehr. Die Küstenverkehrszone ist Fahrzeugen im „Nahverkehr" und kleinen Fahrzeugen vorbehalten.

Zu beachten ist, dass betonnte Schifffahrtswege und Verkehrstrennungsgebiete seewärts der Seeschifffahrtsstraßen keine Fahrwasser mit einem generellen Vorfahrtsrecht der im Fahrwasser fahrenden Schiffe sind.

Die wichtigsten Verkehrsvorschriften lauten:
Ein Fahrzeug, das ein Verkehrstrennungsgebiet benutzt, muß
- auf dem entsprechenden Einbahnweg in der allgemeinen Verkehrsrichtung dieses Weges fahren;
- sich, soweit möglich, von der Trennlinie/Trennzone klar halten
- in der Regel an den Enden des Einbahnweges ein- oder auslaufen; wenn es jedoch von der Seite ein- oder ausläuft, muß dies in einem möglichst kleinen Winkel zur allgemeinen Verkehrsrichtung erfolgen;
- im Bereich des Zu- und Abgangs eines Verkehrstrennungsgebietes besonders vorsichtig fahren;
- das Queren von Einbahnwegen möglichst vermeiden; ist es unumgänglich, so muß dies mit der Kielrichtung im rechten Winkel (90° ± 15°) zur allgemeinen Verkehrsrichtung erfolgen.

Die Fahrzeuge, die dem Verlauf der allgemein Verkehrsrichtung folgen, sollen eindeutig erkennen können - vor allem bei Nacht oder verminderter Sicht -, ob ein Fahrzeug den Einbahnweg queren oder ihm in der allgemeinen Verkehrsrichtung folgen will.

Ein Fahrzeug von weniger als 20 m Länge oder ein Segelfahrzeug darf die sichere Durchfahrt eines Maschinenfahrzeuges auf dem Einbahnweg nicht behindern.

Ein Fahrzeug, das ein Verkehrstrennungsgebiet nicht benutzt, muß von diesem einen möglichst großen Abstand halten.

NOTSIGNALE

 Knallsignale im Abstand von etwa einer Minute.

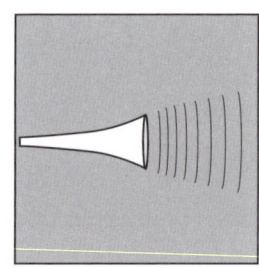 Anhaltendes Ertönen eines Nebelsignalgerätes.

 Mayday durch Sprechfunk.

 SOS als Morse- oder Leuchtsignal.

 Flaggensignal NC des internationalen Signalbuches.

 Rote Fallschirmleuchtrakete oder Handfackel.

 Flammensignal.

 Signale einer Seenotfunkbake.

 Raketen oder Leuchtkugeln mit roten Sternen.

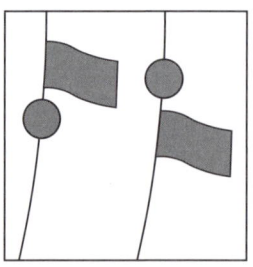 Ball über oder unter einer viereckigen Flagge.

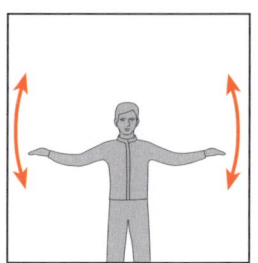 Langsames und wiederholtes Heben und Senken der nach beiden Seiten ausgestreckten Armen

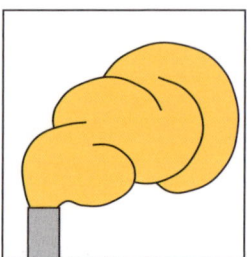 Orangefarbenes Rauchsignal.

EINIGE SCHALLSIGNALE

Aus: Seeschifffahrtsstraßenordnung/Kollisionsverhütungsregeln

• = ein kurzer Ton   — = ein langer Ton

A. MANÖVER- UND WARNSIGNALE

•	Ich ändere meinen Kurs nach Steuerbord
• •	Ich ändere meinen Kurs nach Backbord
• • •	IMeine Maschine geht rückwärts
• • • • •	Hinweis auf Ausweichpflicht
	Achtung
• —	Bleib-weg-Signal
— •	Ich beabsichtige Sie an Steuerbordseite zu überholen
— — • •	Ich beabsichtige Sie an Backbordseite zu überholen
— • — •	Zustimmung zum Überholen
— • • • •	**Allgemeines Gefahren- und Warnsignal (2x geben)**
• — • •	Aufforderung zum Anhalten durch Behördenfahrzeuge
— — — — —	Sperrung der Seeschifffahrtsstraße

B. SCHALLSIGNALE BEI VERMINDERTER SICHT ALLE 2 MINUTEN

—   Maschinenfahrzeug, das Fahrt durchs Wasser macht

— —   Maschinenfahrzeug, das Maschine gestoppt hat und keine Fahrt durchs Wasser macht

— • •   Manövrierunfähiges oder -behindertes, tiefgangsbehindertes oder fischendes Fahrzeug in Fahrt oder vor Anker oder schleppendes oder schiebendes Fahrzeug oder **Segelfahrzeug in Fahrt**

UNVERWECHSELBARER LANGER TON — FAHRZEUG IN FAHRT MIT WENIGER ALS 12 M LÄNGE

Ein Fahrzeug, das sich einer Krümmung oder einem Abschnitt eines Fahrwassers oder einer Fahrrinne nähert, wo andere Fahrzeuge durch ein Sichthindernis verdeckt sein könnten, muss einen langen Ton geben. Jedes sich nähernde Fahrzeug, das dieses Signal jenseits der Krümmung oder des Sichthindernisses hört muss es mit einem langen Ton beantworten.

• — •   zusätzliches Schallsignal für Ankerlieger

SEENOTLEITUNG DER DGZRS

Einsatzleitung und Korrdinierungsstelle im Seenotfall ist die Seenotleitung (MRCC = Maritime Rescue Coordination Center) Bremen, in der alle Notmeldungen und Notrufe zusammenlaufen.

Die Seenotleitung Bremen ist Tag und Nacht zu erreichen:
Telefon 0421/536 87 - 0
Telefax 0421/536 87 14
AFTN: EDDWYYYX (via Flugsicherung)

Alarmierungen können auch über Bremen Rescue radio (Rufzeichen: Bremen Rescue) auf UKW-Kanal 16 und 70 (DSC) sowie über die im Einsatzgebiet erreichbaren deutschen Mobilfunksysteme unter der Rufnummer 124 124 gerichtet werden.
Spendenkonto: Sparkasse Bremen · Kto 1 072 016 · BLZ 290 501 01

AUSLÄNDISCHE FLAGGEN

SIGNALFLAGGEN UND WICHTIGE FLAGGENSIGNALE

HINWEISE FÜR DIE SPORTSCHIFFFAHRT AUF DEM NORD-OSTSEE-KANAL

Auf dem NOK gelten die Bestimmungen der Seeschifffahrtstraßen-Ordnung mit den dazugehörigen Bekanntmachungen der Wasser- und Schifffahrtsdirektion Nord. Sportfahrzeuge dürfen den NOK und dessen Zufahrten lediglich zur Durchfahrt und ohne Lotsen nur während der Tagfahrzeiten und nicht bei verminderter Sicht benutzen. Dies gilt nicht für das Aufsuchen der zugelassenen Liegestellen im Schleusenvorhafen Kiel-Holtenau und im Binnenhafen Brunsbüttel sowie das beim Schleusenmeister angemeldete Ausschleusen zur Elbe. Die entsprechenden UKW-Kanäle sind abzuhören. Auf Funkdisziplin ist zu achten.
UKW-Kanal 13 (Ruf Kiel-Kanal I) Schleusenbereich Brunsbüttel
UKW-Kanal 2 (Ruf Kiel-Kanal II) Strecke Brunsbüttel - Breiholz
UKW-Kanal 3 (Ruf Kiel-Kanal III) Strecke Breiholz - Kiel-Holtenau
UKW-Kanal 12 (Ruf Kiel-Kanal IV) Schleusenbereich Kiel-Holtenau

Lichtsignale für die Sportschifffahrt
Einfahren in die Zufahrten zum NOK, in die Schleusenvorhäfen und Schleusen:
- weiß, unterbr. = Einfahrt frei für Sportfahrzeuge

Im allgemeinen haben die **Weichensignale** keine Bedeutung für die Sportschiffahrt, einzige Ausnahme:
- ein rotes Funkellicht - Einfahrt in das Weichengebiet verboten
- 3 rote Lichter übereinander unterbr. = Ausfahren aus der Weiche für alle Fahrzeuge verboten. Wartezeit hinter den Dalben an den Festmachringen verbringen.
- Zwei feste rote Lichter nebeneinander an den Signalmasten des an der Nordseite liegenden Ölhafens = **Weiterfahrt im Binnenhafen Brunsbüttel verboten** für alle Fahrzeuge

Kanalgebühren (s. S. 20)
Alle Sportfahrzeuge, welche den NOK in westlicher oder östlicher Richtung durchfahren, entrichten die Kanalgebühren beim Schleusenmeister der Alten Schleuse bzw. beim Zeitungskiosk der Neuen Schleuse in Kiel-Holtenau. Alle Sportfahrzeuge, welche den NOK nur auf einer Teilstrecke befahren, entrichten die Gebühren an der Eingangs- oder Ausgangsschleuse. In Brunsbüttel soll hierfür am Gebührenanleger (km 1,8) oder im Yachthafen festgemacht werden. Sportfahrzeuge, welche ihren ständigen Liegeplatz im NOK zwischen den Schleusen haben und dort fahren wollen, benötigen einen vom zuständigen Wasser- und Schifffahrtsamt ausgestellten Fahrtausweis.

Höchstgeschwindigkeit
Die Höchstgeschwindigkeit von 15 km/h über Grund darf nicht überschritten werden.

Rechtsfahrgebot
Im NOK muss soweit wie möglich rechts gefahren werden. In bestimmten Strecken ist der Mindestabstand vom Ufer durch Sichtzeichen angegeben.
Beim Vorbeifahren von Schiffen ist wegen der dabei auftretenden Sogwirkung besondere Vorsicht geboten.

Verhalten in den Schleusenvorhäfen und Schleusen
Beim Vorbeifahren an festgemachten Fahrzeugen ist auf Schraubenstrom zu achten. Im Schleusenbereich ist das Rauchen und offenes Licht verboten.
Das Segeln ist auf dem NOK verboten. Sportfahrzeuge mit Maschinenantrieb dürfen Leichtsegel setzen.

Verhalten bei Nebel
Bei plötzlich auftretender verminderter Sicht dürfen Sportfahrzeuge an geeigneter Stelle auf der Kanalstrecke festmachen, wenn die Sicherheit des Verkehrs durch die Weiterfahrt bis zur nächsten Weiche gefährdet wird. In den Weichen ist hinter den Dalben an den Festmacherringen der Dalben festzumachen.

Liegestellen für Sportfahrzeuge
Als Liegestellen für Sportfahrzeuge gelten:
1. der Yachthafen Brunsbüttel (km 1,8)
2. die Ausweichstelle Brunsbüttel-Nordseite (km 2,7)
3. Liegestelle in der Wendestelle der Weiche Dückerswisch-Nordseite (km 20,7)
4. Liegestelle vor der Gieselau-Schleuse (Einfahrt bei km 40,5)
5. Liegestellen im Obereidersee mit Enge (Einfahrt bei km 66)
6. Liegestellen im Borgstedter See (Einfahrt bei km 70)
7. Reede im Flemhuder See (Einfahrt bei km 85,4)
8. der Yachthafen Kiel-Holtenau (km 98,5)
Hinweis zu Pkt. 3, 4 und 7: Benutzung nur für eine Nacht

Tagfahrzeiten (während der Sommerzeit: + 1 Stunde)

01.01. bis 15.01. 07.30 - 17.00 Uhr	01.07. bis 15.07. 02.30 - 22.00 Uhr
16.01. bis 31.01. 07.30 - 17.30 Uhr	16.07. bis 31.07. 03.00 - 21.30 Uhr
01.02. bis 15.02. 07.00 - 18.00 Uhr	01.08. bis 15.08. 03.30 - 21.00 Uhr
16.02. b.28./29.02. 06.30- 18.30 Uhr	16.08. bis 31.08. 04.00 - 20.30 Uhr
01.03. bis 15.03. 05.30 - 19.00 Uhr	01.09. bis 15.09. 04.30 - 20.00 Uhr
16.03. bis 31.03. 05.00 - 19.30 Uhr	16.09. bis 30.09. 05.00 - 19.30 Uhr
01.04. bis 15.04. 04.30 - 20.00 Uhr	01.10. bis 15.10. 05.30 - 19.00 Uhr
16.04. bis 30.04. 04.00 - 20.30 Uhr	16.10. bis 31.10. 06.00 - 18.30 Uhr
01.05. bis 15.05. 03.30 - 21.00 Uhr	01.11. bis 15.11. 06.30 - 17.30 Uhr
16.05. bis 31.05. 03.00 - 21.30 Uhr	16.11. bis 30.11. 07.00 - 17.00 Uhr
01.06. bis 30.06. 02.30 - 22.00 Uhr	01.12. bis 31.12. 07.30 - 17.00 Uhr

TRAFFIC REGULATIONS AND FOR PLEASURE CRAFTS ON THE KIEL-CANAL

Pleasure crafts may use the approaches to the Kiel Canal and the Kiel Canal-proper only for the purpose of passing through the Canal; when they have no pilot embarked, they may do so only during the daylight navigating hours, but they shall not do so at any time when visibility is restricted. However, this provision shall not apply to pleasure crafts heading for those mooring sites in the Kiel-Holtenau outer harbour (seaward by-port) and in the Brunsbüttel landward by-port where pleasure crafts are admitted for mooring, nor shall this provision apply to pleasure crafts having applied to the Brunsbüttel Lockkeeperto be let out of the locks for the River Elbe.
Official VHF channels for traffic at Kiel Canal
VHF channel 13 call Kiel Canal I Lock area and approaches in Brunsbüttel
VHF channel 2 call Kiel Canal II Canal between Brunsbüttel and Breiholz
VHF channel 3 call Kiel Canal III Canal between Breiholz and Kiel-Holtenau
VHF channel 4 call Kiel Canal IV Lock area and approaches in Kiel-Holtenau

Pleasure crafts shall make arrangements for their Canal passage to take place so as to enable them to reach a dedicated mooring site for pleasure crafts before the lapse of daylight navigating hours. When, unexpectedly, visibility gets reduced, pleasure crafts may moor in sidings behind the dolphins. This provision shall also apply to pleasure crafts being towed by a vessel of vesselcategory 1 being exempt from compulsory pilotage. Take notice of requirement to keep a minimum safe distance from the place where the sign has been put up.

Lightsignals
Entering into the approach area and the locks of the Kiel Canal
  One white occulting light = Entry permitted into the approach area
  Signal mast at the lock island, the outer-harbour and the Signal mast at the lock.
Passage through a siding along the Kiel Canal
- One red quick flashing light = Entry is prohibited Siding signal mast
- Three occulting red lights positioned above each other = Do not proceed for all
- Two fixed red lights, positioned beside each other at Signal mast near the turning basin Brunsbüttel oil harbour = Proceeding is prohibited

Wind-sailing shall be prohibited on the Kiel Canal.
Power-driven pleasure crafts may set their sails in addition to having their engines in operation.
Maximum Speed over ground shall not be exceeded = 15 km/h (8,1 kn).
Canal Dues (s. page 20)
Pleasure crafts passing the Kiel-Canal in easterly or westerly direction have to pay the canal dues in Kiel-Holtenau when using the Old Locks directly to the lockmaster and when using the New Locks at the newspaper stand situated on these locks.
Pleasure crafts using only a part of the Kiel-Canal are obliged to pay the dues either at the entrance lock or at the exit lock. For this purpose in Brunsbüttel it is necessary to moor at the landing berth (s. Karte 5: Gebührenanleger) or in the yacht harbour.
Don't smoke in the lock area.
Berths for pleasure crafts in the Kiel-Canal
Pleasure crafts shall be used only following berths:
Berths in the Brunsbüttel yacht harbour (km 1.8)
Alternative berths in the inner harbour of Brunsbüttel (km 2.7 north side)
Berths in the turn around place of the siding Dückerswisch (km 20.5 north side)
Berths off the Gieselau lock (km 40.5)
Berths in the Lake Obereider with narrows (entrance at km 66)
Berth in the Lake Borgstedt (entrance at km 67,5)
Berths in the Lake Borgstedt (entrance at km 70)
Berths in the Lake Flemhude (entrance at km 85.4)
Berths in the Kiel-Holtenau yacht harbour (off the entrance to the Old Locks)
Usually pleasure crafts may moor at the aforementioned berths for one night only (in Dückerswisch, off the Giselau lock and in the Lake Flemhude).

"Daylight navigating hours" for the purposes of navigation on the Kiel Canal

01.01. to 15.01. 07.30 to 17.00 h	16.07. to 31.07. 03.00 to 21.30 h
16.01. to 31.01. 07.30 to 17.30 h	01.08. to 15.08. 03.30 to 21.00 h
01.02. to 15.02. 07.00 to 18.00 h	16.08. to 31.08. 04.00 to 20.30 h
16.02. to 28.02. 06.30 to 18.30 h	01.09. to 15.09. 04.30 to 20.00 h
01.03. to 15.03. 05.30 to 19.00 h	16.09. to 30.09. 05.00 to 19.30 h
16.03. to 31.03. 05.00 to 19.30 h	01.10. to 15.10. 05.30 to 19.00 h
01.04. to 15.04. 04.30 to 20.00 h	16.10. to 31.10. 06.00 to 18.30 h
16.04. to 30.04. 04.00 to 20.30 h	01.11. to 15.11. 06.30 to 17.30h
01.05. to 15.05. 03.30 to 21.00 h	16.11. to 30.11. 07.00 to 17.00 h
16.05. to 31.05. 03.00 to 21.30 h	01.12. to 31.12. 07.30 to 17.00 h
01.06. to 15.07. 02.30 to 22.00 h	

During Central European Summer Time, the above "daylight navigating hours" will begin and end one hour earlier.

MERKBLATT FÜR DAS BEFAHREN DES ELBE-LÜBECK-KANALS MIT SPORT- UND KLEINFAHRZEUGEN

Stand: April 2009

ELBE LÜBECK KANAL
ELBE SEITENKANAL

Wenn Sie den Elbe-Lübeck-Kanal befahren, beachten Sie bitte die Vorschriften der BiSchiStr-Ordnung vom 08. Oktober 1998.
Daneben beachten Sie bitte folgende Hinweise:

1. Ist das Einfahrtsignal der Schleuse auf „Rot" geschaltet, bitten wir Sie sofort an einem Dalben festzumachen. Das Hin- und Herfahren vor dem Einfahrtsbereich der Schleuse ist zu unterlassen. Laufen sie in die Schleuse erst ein, wenn Sie dazu aufgefordert werden bzw. das Einfahrtssignal "grün" gegeben ist. Aus Sicherheitsgründen werden Sportfahrzeuge in der Regel zum Schluss eingewiesen.

2. Die Eingangsschleusen Lauenburg und Büssau stellen die Verbände zusammen. Boots- und Schiffsführer, die auf der Strecke zur nächsten Schleuse ihre Fahrt unterbrechen wollen, werden gebeten, dies dem Schleusenpersonal mitzuteilen.

3. Aufgrund von Vorrangsschleusungen der Berufsschifffahrt und Wassermangel in den Sommermonaten kann es zu längeren Wartezeiten kommen. Wir bitten daher um etwas Geduld. Sportfahrzeuge haben bei Ankunft keinen Anspruch auf eine sofortige Schleusung.
Schleusungen außerhalb der unter Pkt. 10 genannten Zeiten kommen für Sportboote nicht in Betracht.

4. Bei ELK-km 43,65 (Siebeneichen quert ene Seilfähre den Kanal. Während des Betriebs der Fähre befindet sich das Führungsseil +ber der Wasseroberfläche. Beschilderung beachten. Bei Anäherung an die Fähre muss ein 2langer Ton" (4 sek) gegeben werden. Geschwindigkeit verringern.

5. Bei der Annäherung an Baustellen, Baufahrzeuge, Schiffsliegeplätze und Schleusenvorhäfen bitten wir Sie langsam zu fahren, um Beschädigungen am Ufer, an Geräten und Fahrzeugen zu vermeiden.

6. Die Ufersicherung am ELK besteht aus einer Holzpfahlwand, deren Pfahlköpfe ca. 10 - 20 cm unter der Wasseroberfläche liegen. Zur Vermeidung von Havarien ist daher ein Sicherheitsabstand einzuhalten. Schifffahrtszeichen gem. der BinSchStrO 1998 - insbesondere im Bereich der Wendestellen und Ausbuchtungen - bitten wir zu beachten.

7. Unter- und oberhalb der Schleusen Liegestellen nur für die zur Schleusung anstehenden Fahrzeuge. Außerhalb der Schleusenbetriebszeit kann hier auch übernachtet werden. Gehen Sie nach Möglichkeit hinter die Dalbenreihe. Das Betreten und Benutzen der Leiteinrichtung (Leitwerk, Schwimmholz) ist verboten. Für längeres Liegen ist die Erlaubnis des Schleusenpersonals einzuholen.
Unterhalb der Schleuse Lauenburg sind im Vorhafen keine Liegeplätze vorhanden. Das Überqueren der Klapptore ist verboten. Zur Schleusenkammer ist ein Sicherheitsabstand von 2 m einzuhalten. Vermeiden Sie unnötige Aufenthalte auf dem Schleusengelände.
Dem Schleusenpersonal ist bezüglich Anweisungen oder Anordnungen unbedingt Folge zu leisten.

8. In Lauenburg bei El-km 569,20, rechte Fahrwasserseite, zweigt der Elbe-Lübeck-Kanal (ELK-km 61,63) in die Elbe. **Hier ist besondere Vorsicht geboten.**

9. Erlaubte Höchstgeschwindigkeit im ELK und auf der Kanal-Trave bis zur Hubbrücke für Sportfahrzeuge 10 km/h, im Lauenburger Hafen, von Schleuse bis zur Elbe jedoch nur 4 km/h .
Die Höchstgeschwindigkeit gilt aber immer nur unter der Voraussetzung, dass dabei durch Ihr Sportboot kein schädlicher Wellenschlag verursacht wird.

Die Fahrzeiten von Schleuse zu Schleuse betragen bei einer Geschwindigkeit von 10 km/h:
o Büssau - Krummesse 31 Minuten
o Krummesse - Berkenthin 29 Minuten
o Berkenthin - Behlendorf 19 Minuten
o Behlendorf - Donnerschleuse 25 Minuten
o Donnerschleuse - Witzeeze 3 Stunden
o Witzeeze - Lauenburg 57 Minuten

10. Die Betriebszeiten der Schleusen sind wie folgt festgelegt:
vom 01. April bis 31. Oktober Mo. - Sa. von 6.00 bis 21.00 Uhr
So. von 8.00 bis 18.00 Uhr
vom 01. November bis 31. März
Mo.-Sa. von 6.00 bis 20.00 Uhr
So. von 8.00 bis 15.00 Uhr

Fahrzeuge müssen **mind.** 15 Minuten vor Ende der Schleusenbetriebszeit in die Schleusenkammer eingefahren sein.
An den bundeseinheitlichen Feiertagen gelten die Schleusenbetriebszeiten wie an Sonntagen. Das WSA Lauenburg kann für diese Tage abweichende Schleusenbetriebszeiten festlegen.
Ostern, Pfingsten und Weihnachten keine Schleusungen.
Die Betriebszeiten der Hubbrücke in Lübeck sind wie folgt festgelegt: Mo. - Sa. 6.00 Uhr bis 20.30 Uhr
So. u. feiertags 8.00 Uhr bis 10.00 Uhr
Die Brücke wird mit Rücksicht auf den Straßenverkehr für Sportfahrzeuge nur gehoben, wenn diese in Gruppen von 3 oder mehr Fahrzeugen eine Öffnung fordern oder wenn Sie eine Stunde vergeblich gewartet haben. Sie können solche Wartezeiten vermeiden, wenn Sie nicht durch die Hubbrücke, sondern durch den Stadtgraben fahren. Sie sollten sich erforderlichenfalls über UKW Kanal 18 beim Brückenwärter melden.
Die Schleusen sind über folgende Funkkanäle zu erreichen:

o Schleuse Lauenburg	Kanal 22	04153 5973-11
o Schleuse Witzeeze	Kanal 79	04155 5891
o Donnerschleuse	Kanal 79	04543 1431
o Behlendorf		04544 1804
o Berkenthin		04544 1836
o Krummesse		04508 1886
o Schleuse Büssau	Kanal 78	0451 51253

Änderungen bleiben vorbehalten.

Auskünfte erteilen während der Schleusenbetriebszeiten:
Schleuse Lauenburg Tel.: 04153/5973-11 und
Schleuse Büssau Tel.: 0451/51253,
Wasser- und Schifffahrtsamt Lauenburg, 21481 Lauenburg (Elbe),
Dornhorster Weg 52, Tel.: 04153/558-0
Außenbezirk Mölln, 23879 Mölln,
Hafenstr. 16, Tel.: 04542/84406-0
. . . .
Im ELK und ESK werden keine Gebühren erhoben.

ELBE-SEITENKANAL

Betriebszeiten:
an Werktagen 06:00 - 22:00 Uhr
an Sonn- und Werktagen 08:00 - 17:00 Uhr
Weihnachtsfeiertage und Neujahr kein Betrieb
Aktuelle Informationen unter www.elwis.de

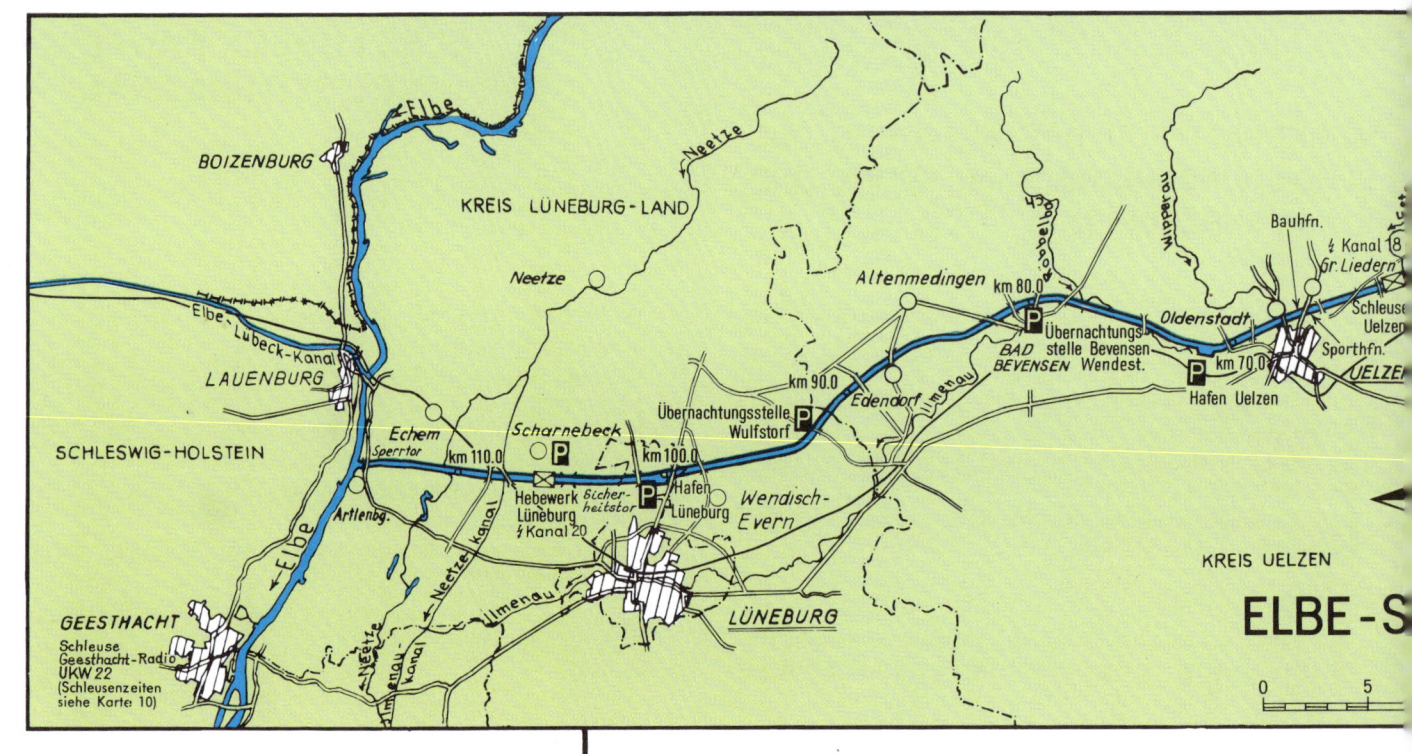

GEBÜHREN NORD-OSTSEE-KANAL
KIEL CANAL v. 07.05.2008

Die Befahrensabgaben auf dem NOK
für Sportfahrzeuge:
Im Durchgangsverkehr

bis 10 m	13 Euro
10 bis 12 m	19 Euro
12 bis 16 m	37 Euro
16 bis 20 m	43 Euro
über 20 m	45 Euro
jeder weitere angefangene Meter Länge zusätzlich	1 Euro
muskelbetriebene Fahrz.	6 Euro

Auf Teilstrecken

bis 10 m	7 Euro
10 bis 12 m	9 Euro
12 bis 16 m	19 Euro
16 bis 20 m	22 Euro
über 20 m	24 Euro
jeder weitere angefangene Meter Länge zusätzlich	1 Euro
muskelbetriebene Fahrz.	6 Euro

Schleuse Gieselau (Tel.: 04332/995910)
Schleusenzeiten:
1.4.-31.10. Mo - Sa   08:00-13:00h + 14:00-18:00h
       So.+ Feiert.   08:00-12:00h + 14:00-19:00h
1.11.-31.3. Mo - Fr   08:00-13:00h + 14:00-17:00h
Sa/So nur nach vorheriger Anmeldung

WSA Tönning 04861 615-367

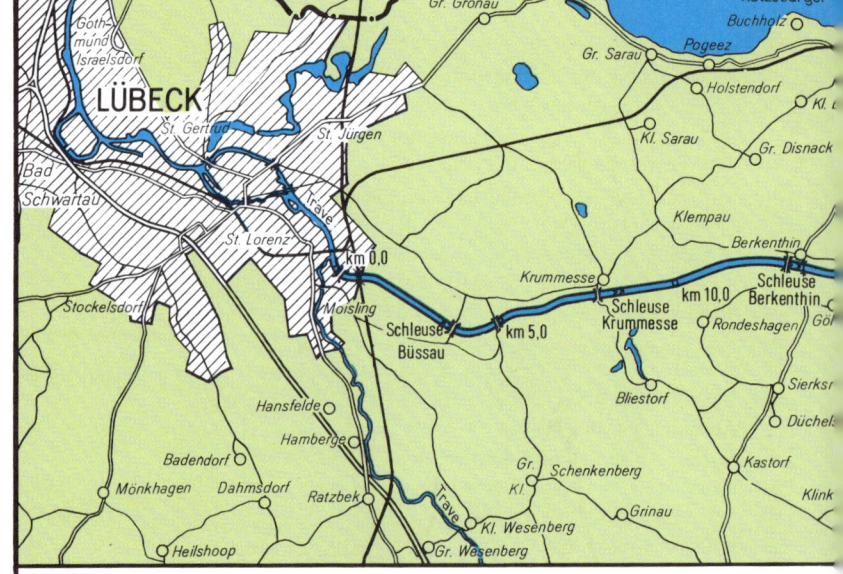

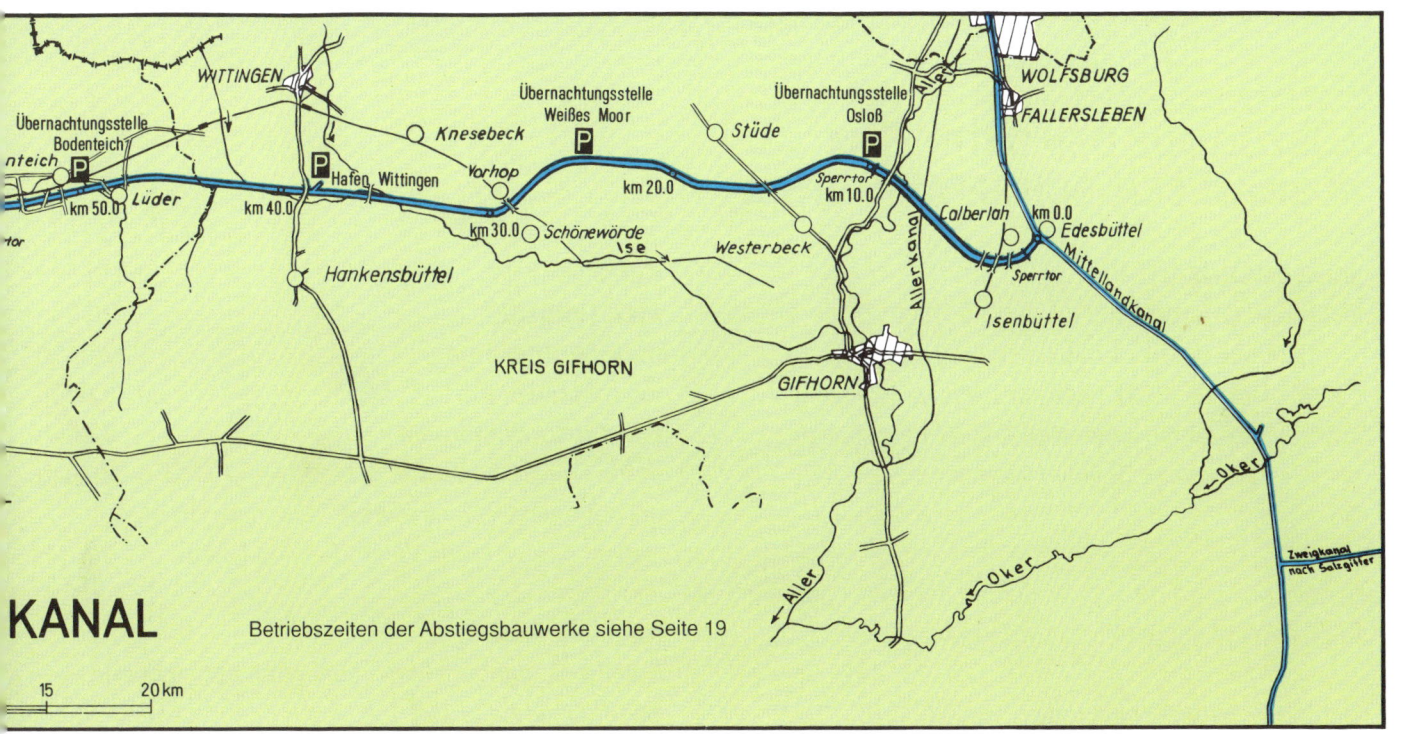
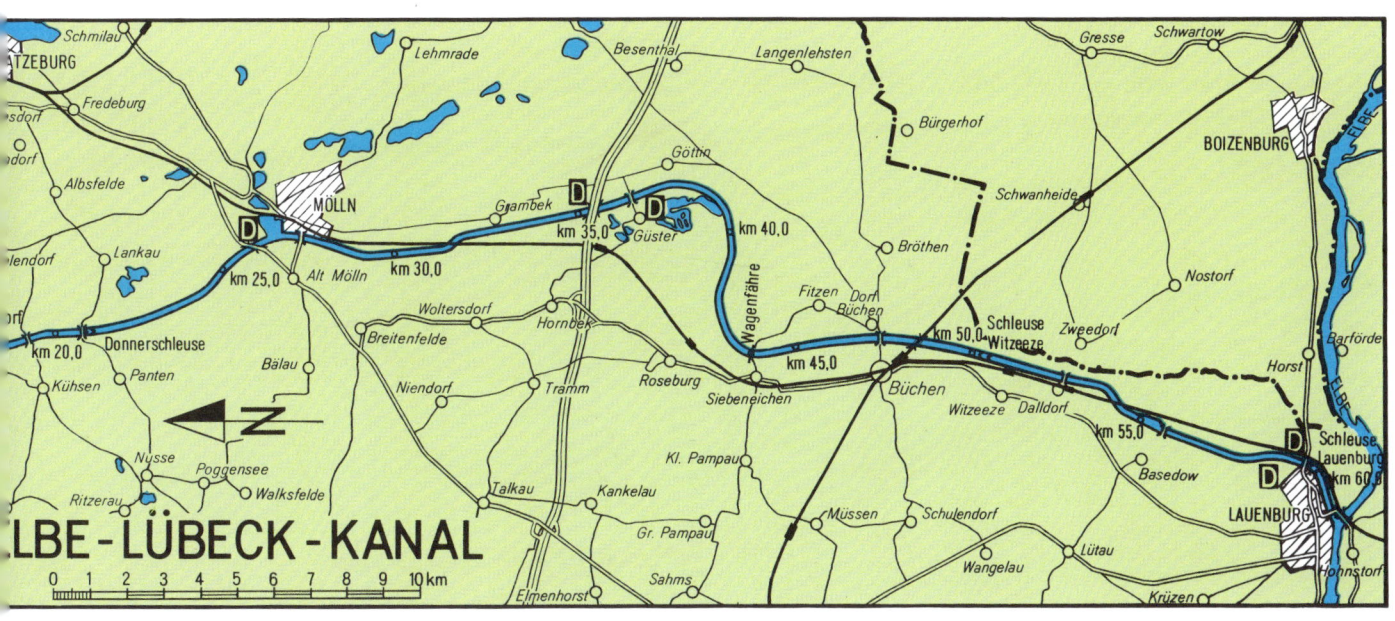
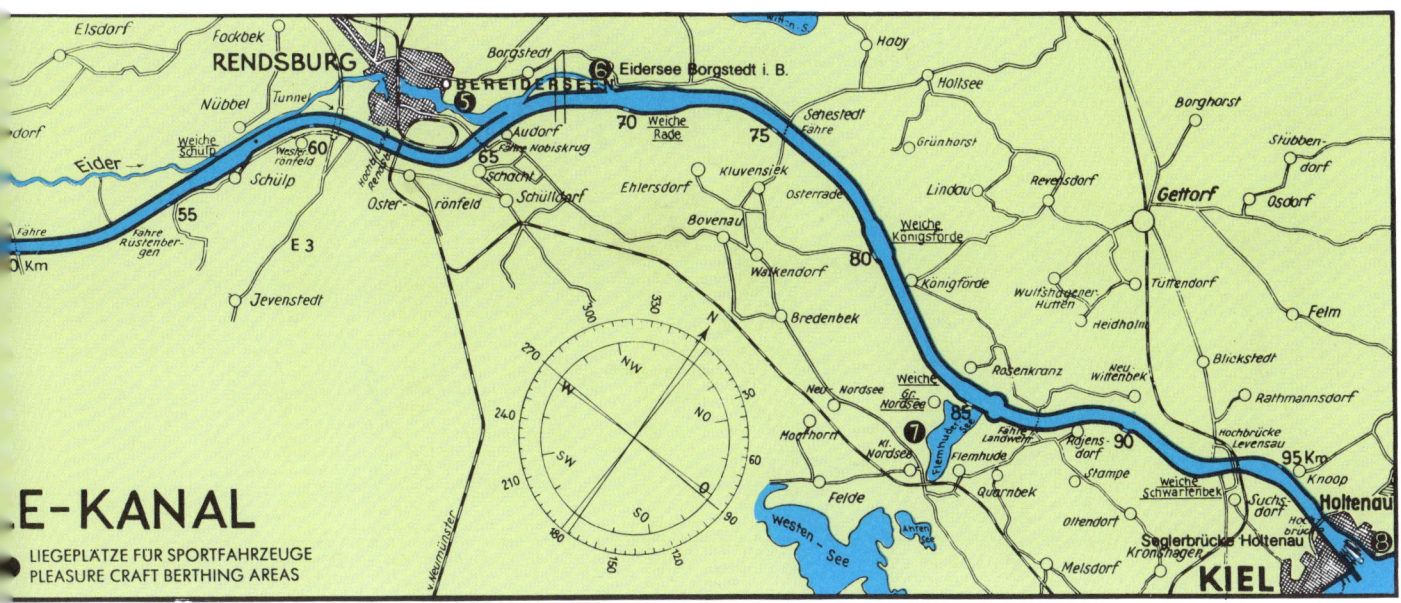

AUSZUG AUS DEN DATEN ZUM ELBE-WESER-SCHIFFFAHRTSWEG

SCHLEUSENZEITEN:

Schleuse Otterndorf: (Tel.: 04751/2190)
wochentags: 07.30 - 17.30 Uhr (tidenabhängig),
ca. 1 ½ Std. bis 4 Std. nach Hochwasser Brunsbüttel sowie 2 Std. lang beginnend mit TNW Brunsbüttel.
sonn- + feiertags: 2 Stunden beginnend mit TNW Brunsbüttel.

In der Zeit vom 1.10. - 31.3. werden Schleusungen nur nach Anmeldung (einen Tag vorher) durchgeführt.

Schleuse Bederkesa/Lintig: (Tel.: 04745/6037)
Durch die Automatisierung der Schleuse kann täglich zwischen 06.00 und 22.00 Uhr geschleust werden.

Schleuse Bremerhaven: (Tel.: 0471/21678)
täglich von 7.30 - 17.30 Uhr

Kanallänge	54,68 km
max. Tiefgang	1,50 m
max. Schiffslänge	33,50 m
max. Schiffbreite	5,00 m
Fahrtgeschwindigkeit	8 km/h
lichte Durchfahrthöhe	2,70 m

bei normalem Wasserstand (- 0,60 m u. NN an den Pegeln der Schleuse Otterndorf und Lintig)

Abgabensätze:
Befahrensabgaben für mit Motorkraft angetriebene

Sportfahrzeuge je Tag	EURO 3,--
Monatskarte	EURO 9,--
Jahreskarte	EURO 25,--
Schleusengebühren je Fahrzeug	
während der Betriebszeit	EURO 2,50
außerhalb der Betriebszeit	EURO 16,--

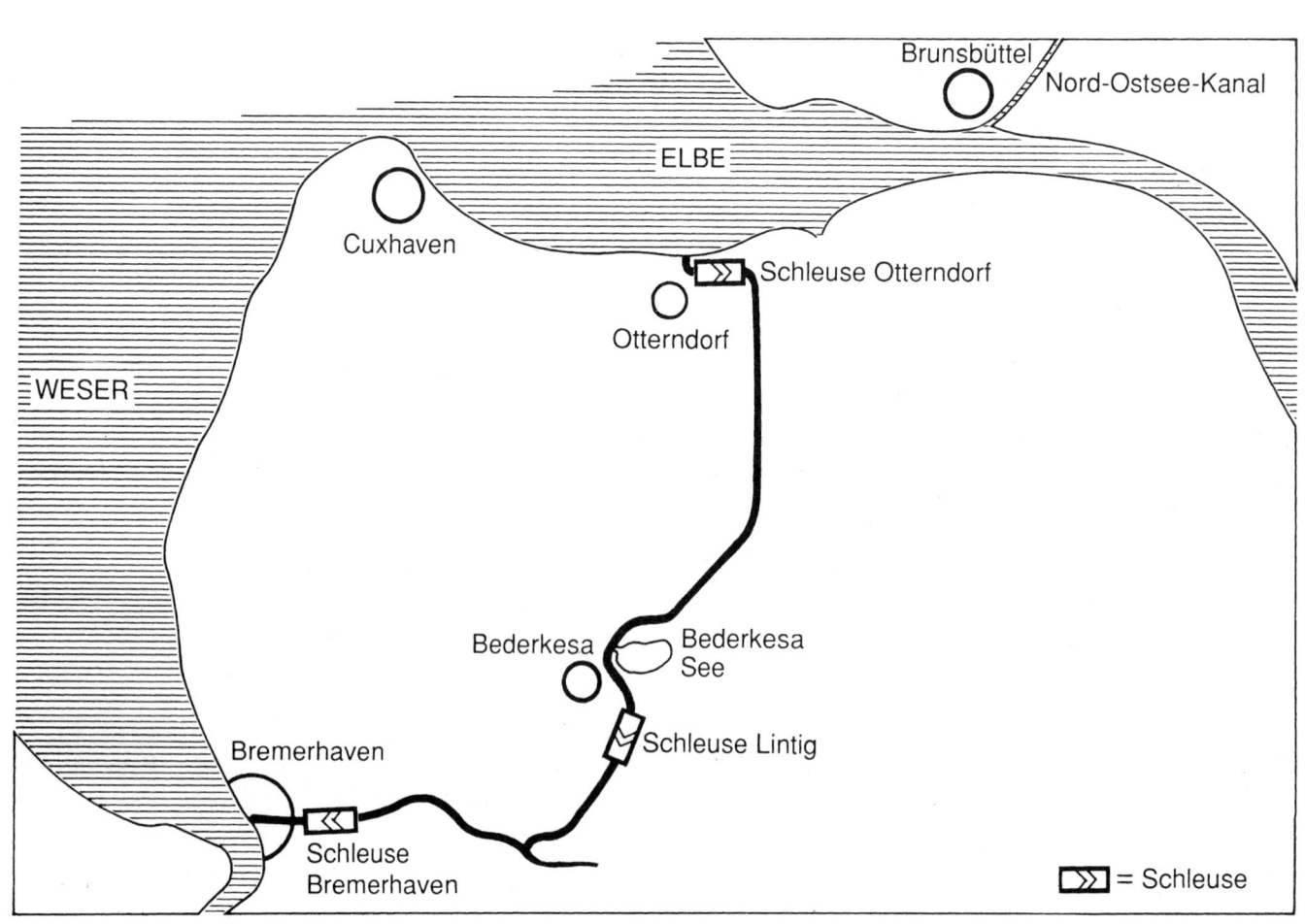

Bekanntmachung der WSD Nord für die Schifffahrt über Schifffahrtszeichen an den Binnenschifffahrtsstraßen Elbe und Elbe-Lübeck-Kanal

I. Wenn auf der BinSchStr Elbe (km 472,6 - 607,5) zur Bezeichnung des Fahrwassers, der Fahrwasserübergänge und der Strombauwerke Schifffahrtszeichen ausgelegt sind, haben sie folgende Bedeutungen.

Bedeutung:

1. Lage der Fahrrine:
Auf dem rechten Ufer rotes Lattenwerk von quadratischer Form (Seiten waagerecht und senkrecht) Auf dem linken Ufer grünes Lattenwerk von qaudratischer Form (auf der Spitze stehend)

2. Übergänge:
Auf dem rechten Ufer gelbes Lattenwerk in Form eines stehenden Kreuzes. Auf dem linken Ufer gelbes Lattenwerk in Form eines liegenden Kreuzes.

Zu 1. und 2.
Stehen zwei Übergangsbaken unmittelbar zusammen oder trägt eine Bake zwei Kreuze, so fallen An- und Abfahrt zusammen.

Stehen zwei Übergangsbaken auf dem selben Ufer nahe beieinander, so bezeichnet die zunächstliegende die Anfahrt und die nachfolgende Abfaht.

*Zwischen den Übergangsbaken werden nur in seltenen Fällen mehr als zwei Baken aufgestellt

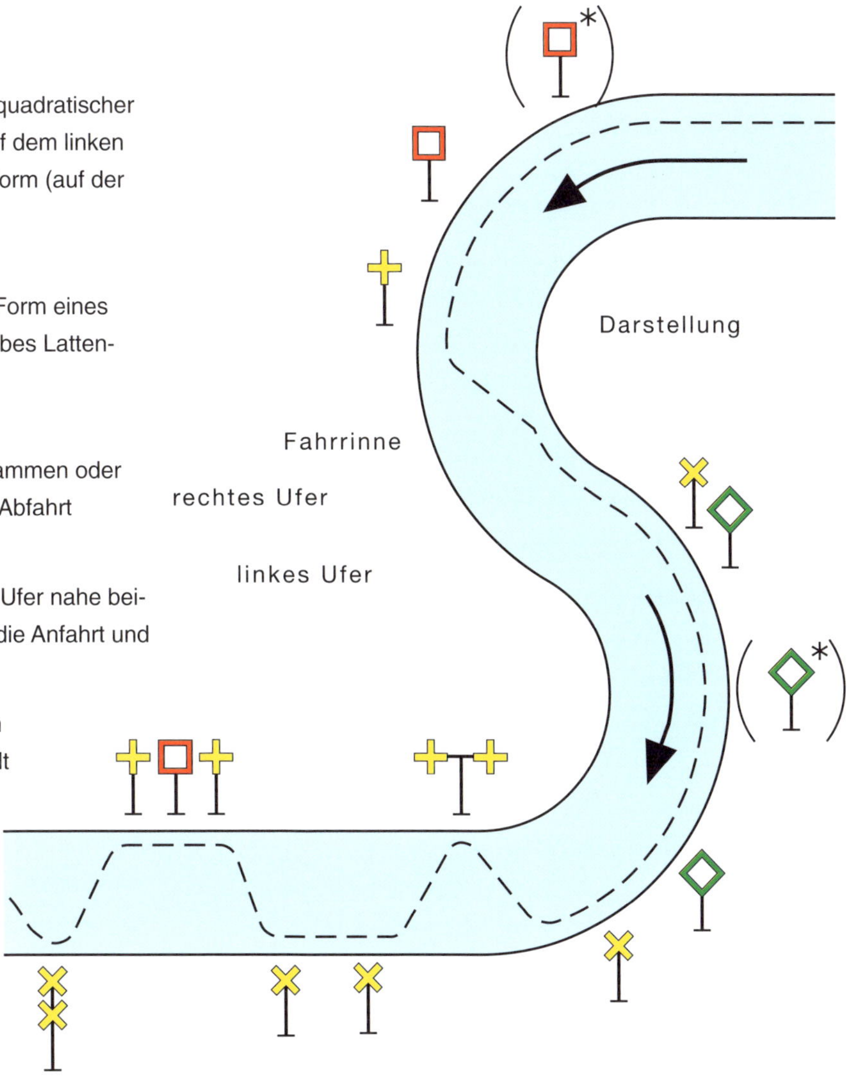

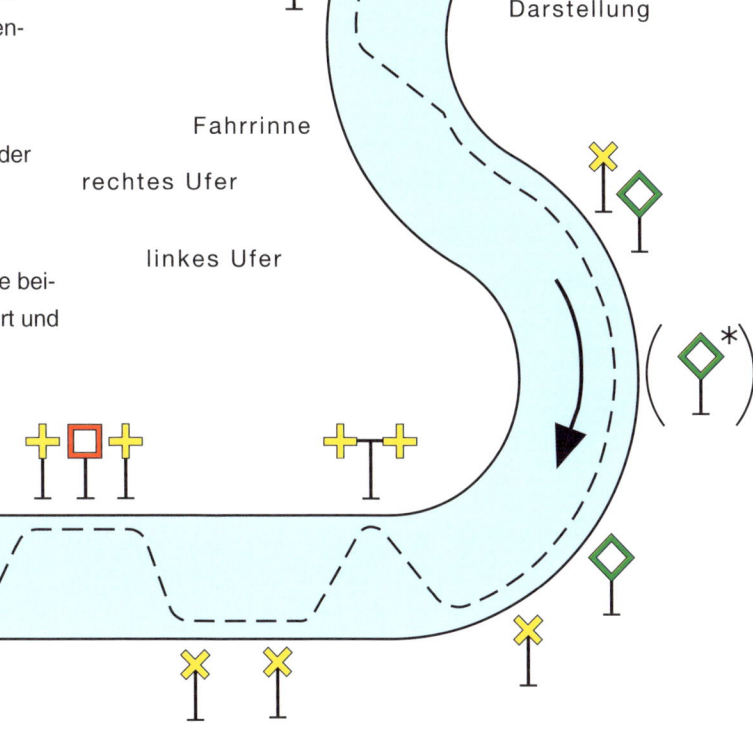

3. Fahrwassergrenze:
linkes Ufer   rechtes Ufer

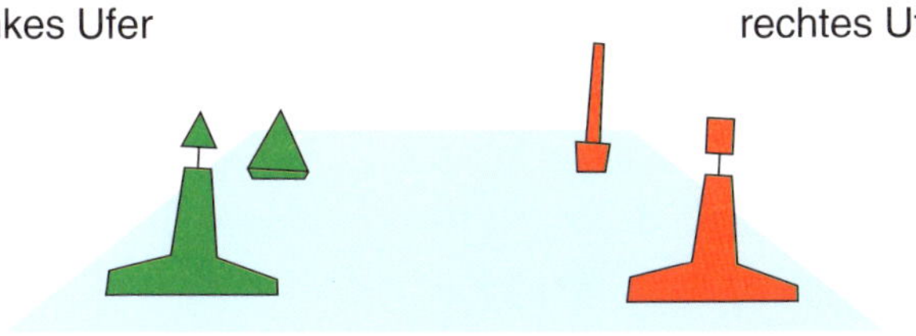

4. Strombauwerke
linkes Ufer

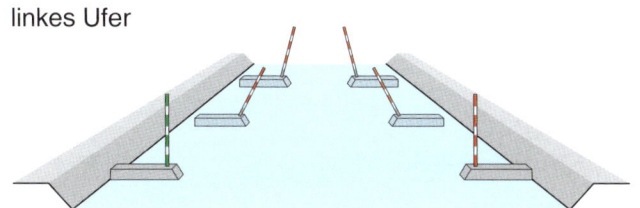

Auf der Buhne, dem Leitwerk oder an der Verbindungslinie der Buhneköpfe linkes Ufer grün-weiße, rechtes Ufer rot-weiße Stangen oder Schwimmstangen

II. Sind auf der BinSchStr. Elbe-Lübeck-Kanal (ELK 0 bis zur Elbe und Kanaltrave-km 0 - 5,5) zur Begrenzung des Fahrwassers schwimmende Schifffahrtszeichen ausgelegt, so werden hierzu die o.g. Tonnen verwendet.

TIPPS FÜR DAS BEFAHREN VON TIDENGEWÄSSERN

1. Einfluss von Wind auf die Wasserstände

Die Wasserstände können erheblich von den voraus berechneten Werten abweichen, deshalb sollten Windstärke und Richtung immer mit in die Planung einbezogen werden. In der Elbe führen besonders starke Nord-Westwinde zu höheren Wasserständen und starke Ostwinde zu besonders niedrigen Wasserständen.

2. Wind gegen Strömung nach Möglichkeit meiden

Wenn der Wind gegen die Richtung der Strömung weht, kann besonders in der Mündung gefährlicher Seegang entstehen. Ab 5 Beaufort sollte man diese Konstellation meiden und ggfs. auf den Tidenwechsel warten.

3. Sicherheitsreserve bei der Wassertiefe

Man sollte immer eine Sicherheitsreserve, die den Windverhältnissen angepasst ist, mit einplanen.

4. Wattenhochs und flache Einfahrten

Flachwasserbereiche läuft man am besten bei auflaufendem Wasser an, damit man bei einer Grundberührung schnell wieder freikommen kann.
Im Watt liegt man – sollte man nach einer Grundberührung bei ablaufendem Wasser nicht mehr freikommen – zwar sicher, aber es kann sehr lange dauern bis man wieder frei kommt, wenn das folgende Hochwasser etwas niedriger ausfällt.

5. Festkommen bei Wind

Sollte man bei auflaufendem Wasser und mäßigem bis starkem Wind festkommen, ist es besser einen Anker auszubringen, um ein zwischenzeitliches Abdriften zu vermeiden.

6. Gefahrenquellen im Watt

Im Bereich des Wattenmeeres setzt die Gezeitenströmung bei auflaufendem Wasser zunächst mit zum Teil hoher Geschwindigkeit in die Tiefs und Priele hinein. Sobald höher gelegene Wattgebiete überspült sind, setzt die Strömung quer über das Watt. Die Möglichkeit, dass man von der Strömung stark versetzt wird, ist groß und deshalb sollte dauernd eine genaue Ortsbestimmung durchgeführt werden. (Es sollte die Position auch durch Peilung achteraus kontrolliert werden, um den Querversatz besser zu beobachten).

Besonders gefährlich sind die Seegatten, die bei stärkeren Winden gegen die Strömung hohen, steilen Seegang führen. Unter diesen Umständen sollte ein Einlaufen ins Watt vermieden werden.

7. Gezeitenströmung in der Elbe

Im offenen Ozean findet der Wechsel der Gezeitenströmung bei halber Tide statt. So setzt dort die Flutströmung nach Tideniedrigwasser erst bei halber Flut ein und dauert bis über Tidehochwasser hinweg bis zur halben Ebbe. In den Mündungen der Flüsse und diese weiter hinauf verschiebt sich das Einsetzen der Flut- bzw. Ebbeströmung in Richtung des Zeitpunktes von Tideniedrig- bzw. -hochwasser. Die folgende Tabelle gibt Auskunft über diesen Zeitunterschied:

Ort	Eins. d. Flutströmung nach NW in Minuten	Eins. d. Ebbeströmung nach HW in Minuten
Cuxhaven	105	130
Otterndorf	85	125
Brunsbüttel	65	110
Glückstadt	45	60
Stadersand	35	45
Wedel	30	40
St. Pauli	15	20

Oberhalb von St. Pauli ist der Zeitpunkt der Strömungskenterung bis zur Flutstromgrenze (Die Stelle, oberhalb derer es keine Flutströmung mehr gibt) stark von der Oberwassermenge abhängig.

Die in der Tabelle angegebenen Zeiten sind Mittelwerte, sie können um bis zu 20 Minuten in Abhängigkeit von den jeweiligen Tiden und dem Wind schwanken.

DIE GEZEITEN, SPRING- UND NIPPTIDEN

Die Gezeiten entstehen hauptsächlich durch die Anziehungs- und Zentrifugalkräfte von Mond und Sonne. Auf der Erde entsteht auf der dem jeweiligen Gestirn zugewandten Seite durch die Massenanziehung ein Wasserberg. Auf der dem jeweiligen Gestirn abgewandten Seite entsteht ein ebenso großer durch die Zentrifugalkraft. Zu Zeiten von Voll- und Neumond addieren sich die durch Mond und Sonne verursachten Wasserberge (und ebenso die Täler), so dass es zu besonders hohem Tidehochwasser und besonders niedrigem Tideniedrigwasser kommt. Diese Zeit nennt man Springzeit.

Diese Wirkung ist jedoch nicht unmittelbar bei Voll- oder Neumond maximal, sondern setzt mit der sog. Springverspätung, die in der Deutschen Bucht ca. 1,5 Tage beträgt ein.

Eine Gezeit ist aufgeteilt in Ebbe und Flut. Vom Zeitpunkt des Tideniedrigwassers steigt der Wasserstand bis zum Zeitpunkt des Tidehochwassers, es herrscht Flut. Nach Tidehochwasser fällt der Wasserstand wieder bis zum Tideniedrigwasser, es herrscht Ebbe. In der Nordsee ist die Dauer von Ebbe und Flut nahezu gleichlang, die Dauer einer gesamten Gezeit beträgt 12 Std. 25 Min., der Hälfte der Dauer eines scheinbaren Mondumlaufes um die Erde der 24 Std 50 Min. beträgt. Je weiter man die Elbe hinaufgeht, verkürzt sich die Flutdauer und verlängert sich die Ebbedauer entsprechend, bis bei St. Pauli die Flutdauer nur noch 5 Std. und die Ebbedauer 7 Std. 25 Min. betragen.

Weitere Angaben können den Gezeitentafeln des Bundesamtes für Seeschifffahrt und Hydrografie entnommen werden.

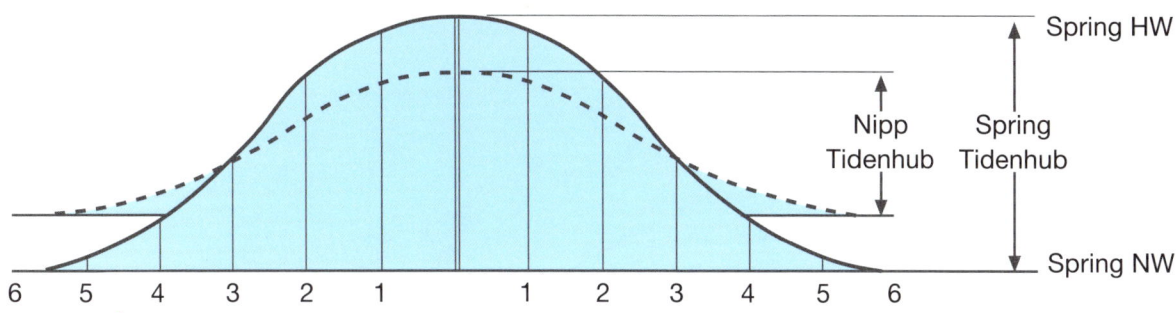

Zu Zeiten der Halbmonde (ab- bzw. zunehmend) ist der Tidenhub hingegen minimal, es herrscht Nipptide. Der Unterschied des Tidenhubes bei Springzeit und bei Nippzeit beträgt in Cuxhaven im Mittel ca. 1 m. Das bedeutet, dass bei Nippzeit das Tideniedrigwasser um ca. 50 cm höher ist als das bei Springzeit, das Tidehochwasser jedoch um ca. 50 cm niedriger.
Spring- und Nippzeit dauern jeweils ca. 4 Tage. Dazwischen liegt die ca. 3 Tage dauernde Mittzeit.
Die Wirkung von Spring- und Nippzeit betrifft ebenso die Gezeitenströmungen: Bei Springzeit sind Ebbe- und Flutströmung größer, bei Nippzeit kleiner.

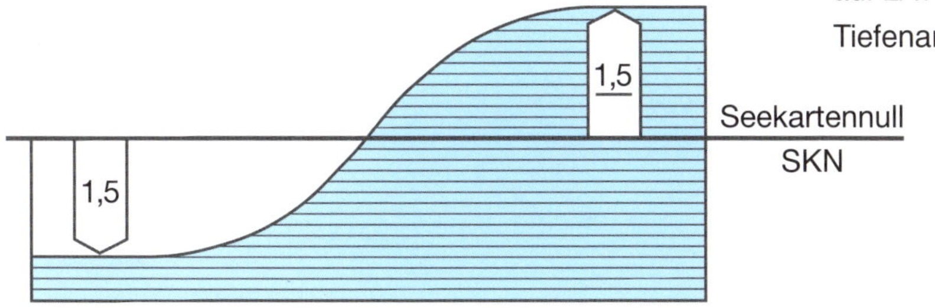

Windeinflüsse auf dem Wasser

Der Wind kann den Wasserstand in der Elbe erheblich beeinflussen: Schon ein Ostwind von 5 Bft. senkt den Wasserstand um ca. 0,5 m. Umgekehrt erhöht ein Westwind den Wasserstand um ca. 0,5 m.

Seekartennull

Wie sind die Wasserstandsveränderungen, die durch Gezeiten und Wind verursacht werden, auf die Tiefenangaben der Seekarten umzusetzen?
Das Seekartennull (SKN) ist den deutschen Seekarten auf LAT (lowest astronomical Tide) bezogen.
Tiefenangaben über Seekartennull sind unterstrichen.

KARTEN VON HELGOLAND BIS SCHNACKENBURG

ÜBERSICHTSKARTEN

☐ Extraplan oder Detailkarte

■ Hafen- oder Einfahrtplan

○ Ort

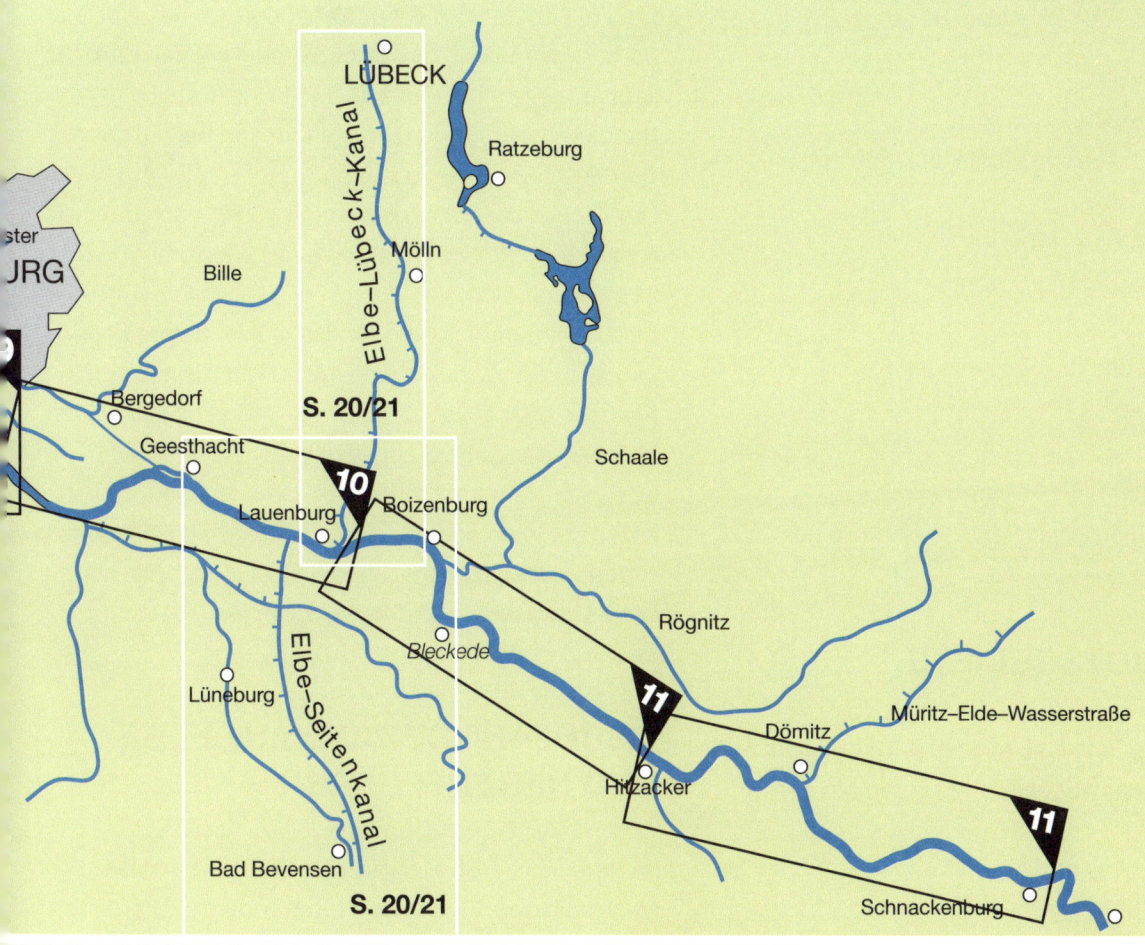

ÜBERSICHTSKARTE DER WICHTIGSTEN WASSERSTRASSEN NACH BERLIN

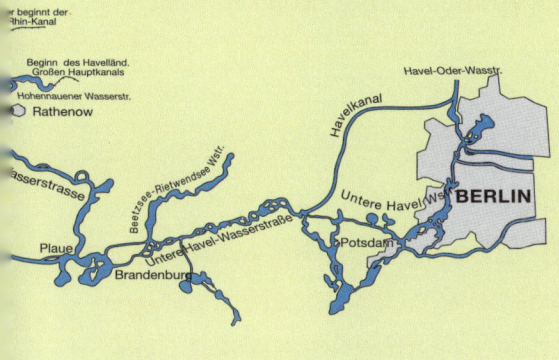

Seite 88/89

ÜBERSICHTSKARTE DER EIDER

INFORMATIONEN ZUM ANKERN AUF DER UNTERELBE

ANKERPLÄTZE
(ausgen. Ankerverbotsgebiete, s.u.)

Nordseite bzw. Westseite des Fahrwassers:
Dwarsloch
Haseldorfer Binnenelbe
Pagensander Nebenelbe
(Einschränkungen s. Ankernverbotsgebiete)
Glückstädter Nebenelbe
Stör (an einigen Stellen s. Karte)
Hinter Neufelder Sand (fällt trocken)

Südseite bzw. Ostseite des Fahrwassers:
Hahnöfer Nebenelbe
Hinter Lühesand
Hinter Brammerbank
Oste, so nahe wie möglich am Ufer, in einer Reihe hintereinander

ANKERVERBOTSGEBIETE

200 m oberhalb und unterhalb folgender Verbindungslinien der Pagensander NE, etwa 1 sm unterhalb der Pinnaumündung
von 53°41'48" N 09°32'07" O
bis 53°41'35" N 09°31'26" O
in der Lühesander Süderelbe bei Hollern
von 53°35'52" N 09°34'08" O
bis 53°36'01" N 09°34'31" O
in der Lühesander Süderelbe bei Sandhörn
von 53°35'31" N 09°34'52" O
bis 53°35'40" N 09°35'01" O

PRICKEN AUFGESTELLT:

In den folgenden Fahrwassern werden Pricken aufgestellt. Mit der Verlagerung und dem Fehlen einzelner Schifffahrtszeichen muß gerechnet werden:

Hahnöfer Nebenelbe, Haseldorfer Nebenelbe, Schwarztonnensand, Wischhafener Fahrwasser, Freiburger Hafenpriel

NATURSCHUTZGEBIETE

Das Betreten eines Naturschutzgebietes außerhalb befestigter Wege ist verboten. Zum größten Teil werden die Naturschutzgebiete durch Schilder gekennzeichnet. Bitte beachten Sie die Kennzeichnungen in den Karten.
Ein Watt im Naturschutzgebiet außerhalb des Nationalparks Wattenmeer, das nicht betreten werden darf, kann soweit es bei Flut schiffbar ist, im Bereich der Bundeswasserstraße durch jedermann frei befahren werden.
Das Trockenfallen ohne Betreten gehört nach behördlicher Auskunft zum Befahren einer Wasserstraße und ist nicht verboten.
Eine Befahrensregelung für das Mühlenberger Loch gab es bis zur Drucklegung noch nicht. Es ist verboten: Pflanzen oder einzelne Teile von ihnen abzuschneiden, abzupflücken ... oder sonst zu beschädigen, wild lebenden Tieren nachzustellen, sie zu fangen, zu verletzen, zu töten oder sie durch sonstige Handlungen zu stören ..., die Jagd auszuüben, Fische oder Fischlaich in die Gewässer einzusetzen, zu angeln oder sonst Fische zu fangen...

FISCHFANGGERÄTE AUF ELBE UND NEBENFLÜSSEN

Im Bereich von St. Margarethen bis Tinsdal muss außerhalb des Fahrwassers, besonders in Ufernähe mit ausliegenden Fischfanggeräten gerechnet werden. In diesem Bereich ausgelegte Fischfangeräte müssen mit roten, orangen oder gelben Plastikbojen bzw. Kanistern bezeichnet werden. Mindestdurchmesser 40 cm, Fassungsvermögen 20 Liter. Sie müssen ständig gut sichtbar an der Oberfläche treiben.
Die Schifffahrt, insbesondere die Sportschifffahrt wird gewarnt.

**Bitte beachten:
Auf der Elbe verkehren zunehmend Hochgeschwindigkeitsfahrzeuge! Besondere Aufmerksamkeit und Vorsicht ist geboten.**

HELGOLAND - ELBMÜNDUNG / MELDORFER BUCHT

KARTE 1/2

HÄFEN UND LIEGEPLÄTZE FÜR DIE SPORTSCHIFFFAHRT

Helgoland: Beim Anlegen unbedingt die Schiffslängenbegrenzungen beachten. Liegeplätze im Süd- und Vorhafen W-Kaje, W-Damm und S-Kaje sind für Sportboote gesperrt. Teilweise Wasser und Strom an den Liegeplätzen ansonsten alle Versorgungsmöglichkeiten vorhanden.
Ankern im Westteil nach Anmeldung beim Hafenamt, Helgoland Port, UKW Kanal 67;
Tel.: 04725/81593-583.
Bei südlichen und östlichen Winden sehr unruhig.

Büsum: Sportboote bis 12 m können im Yachthafen liegen. Westliche Liegeplätze etwas tiefer. Gute Versorgung, W-LAN Zugang
Bei MNW ist in der Zufahrt zum Yachthafen ca. 1 m Wassertiefe vorhanden. Sanitäre Anlagen/Duschen im Yachthafen vorhanden. Hafenmeister Tel.: 04834/3607 von 08.00 bis 09.00 Uhr und 17.00 bis 18.00Uhr
Versorgung im Ort (ca. 15 - 20 Minuten Fußweg).
Becken II: Größere Boote können sich hier einen Platz bei den Krabbenkuttern suchen.
Becken III: Die Liegeplätze der Fähranleger müssen beachtet werden.

Meldorf: Zufahrtspriel ausgeprickt. Wasser am Hafen. Keine weiteren Einrichtungen. Café nördlich der Schleuse. Ort ca. 1 Std. Fußweg.
Sperrwerk Tel.: 04832/7181 nach Dienstschluss -2105

Friedrichskoog: Hafen fällt teilweise trocken. Sanitäre Anlagen beim Kiosk. Alle Versorgungsmöglichkeiten.
Hafenmeister Tel.: 04854-390
Der Leitdamm befindet sich an der Nordseite des Hafenpriels. Ca. 50 m hinter dem Feuer am Kopf des Leitdamms steht der Lattenpegel, der den Wasserstand in Dezimetern anzeigt. Einlaufen in den Hafen ist erst erlaubt, wenn 20 cm Wasser unter dem Kiel sind. Überholen im Hafenpriel verboten.

....

Die Karten 1 - 9 sind auf das WGS84-System bezogen

Alle Tiefenangaben sind bezogen auf LAT = niedrigst möglicher Gezeitenwasserstand.

NATIONALPARK SCHLESWIG-HOLSTEINISCHES WATTENMEER

s.a. Nationalparkgesetz vom 22.7.1985

und

NATIONALPARK NIEDERSÄCHSISCHES WATTENMEER

s.a. Verordnung vom 13.12.1985

In den Zonen 1 ist das Betreten verboten.
In der Zeit von 3 h nach bis 3 h vor Hochwasser sind die Zonen 1 gesperrt;
die Seehundschutzgebiete (RSG), Brut- und Mausergebiete der Vögel (VSG)
sind im auf den Karten angegebenen Zeitraum gesperrt.
Die Fahrwasser sind davon ausgenommen.
Weitere Verordnungen siehe Nationalparkgesetz vom 22.7.1985

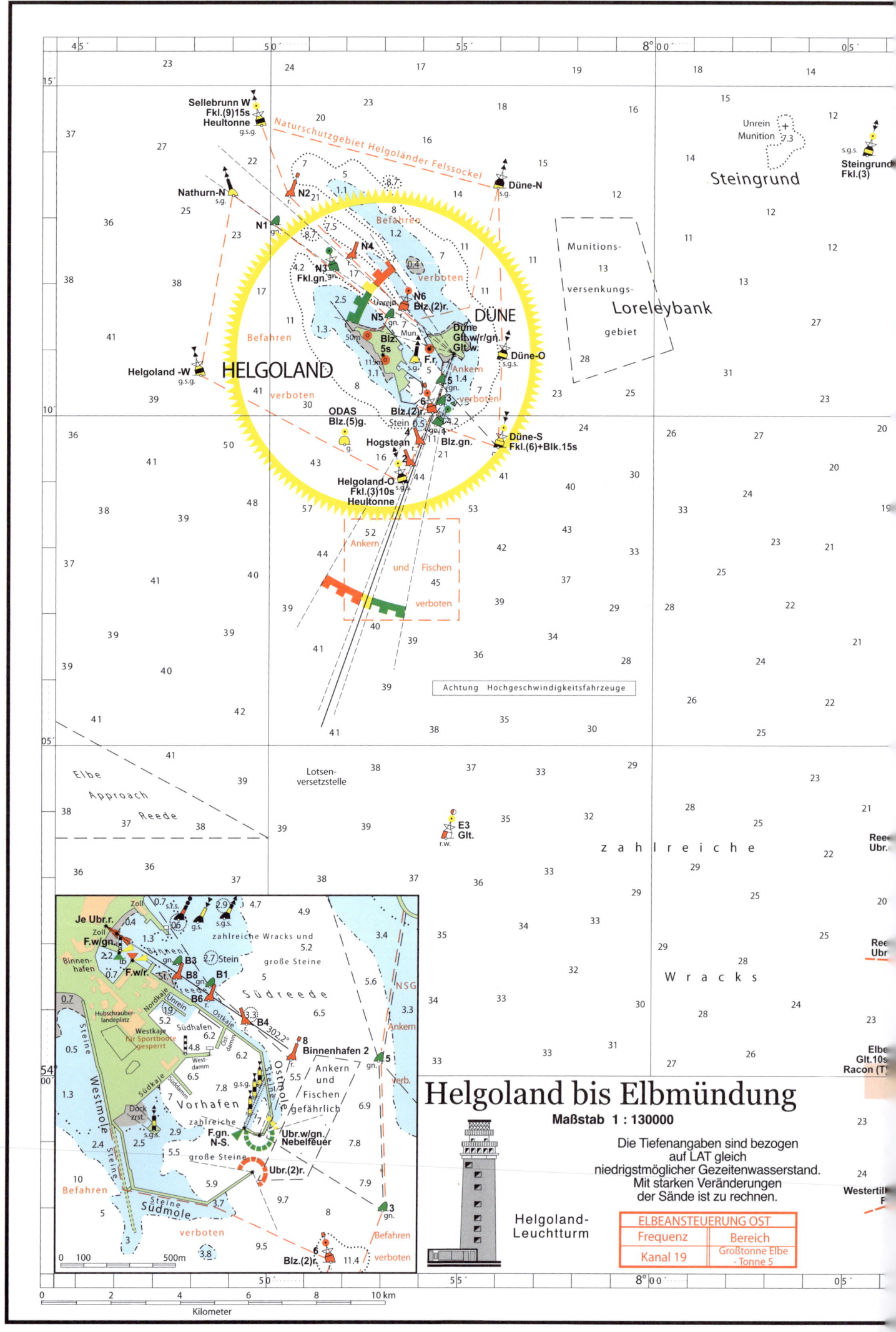

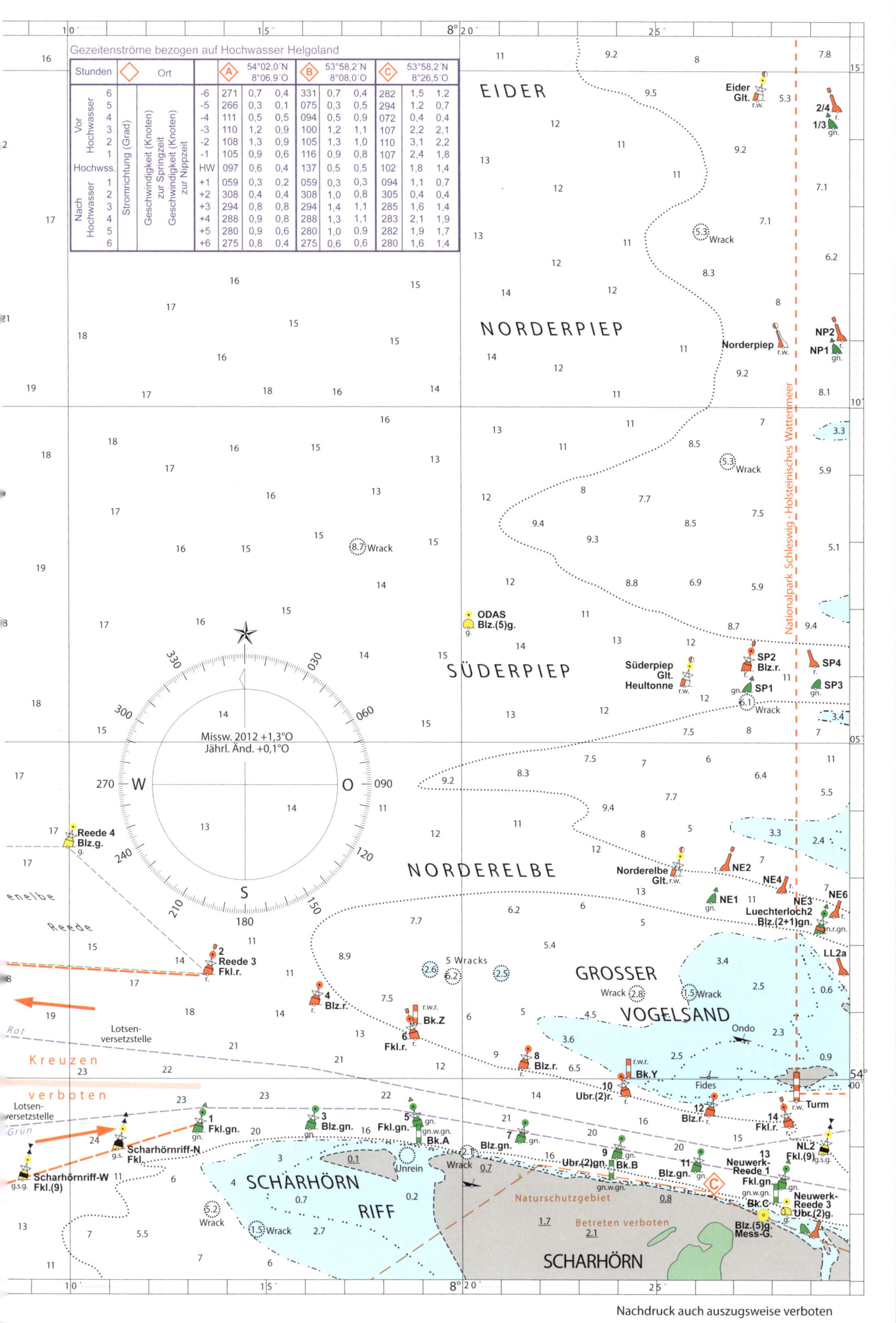

KARTE 1 - HELGOLAND BIS ELBMÜNDUNG

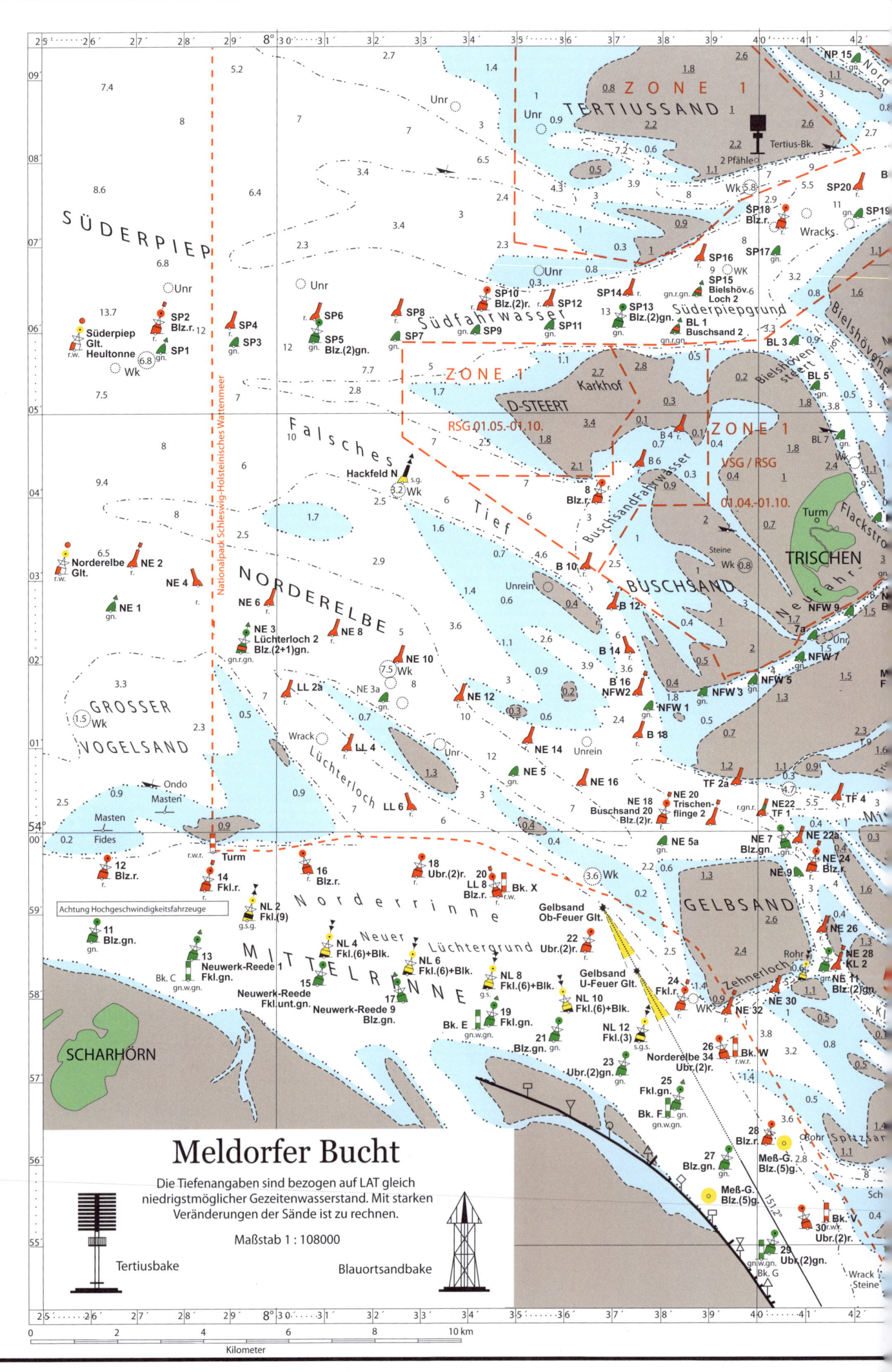

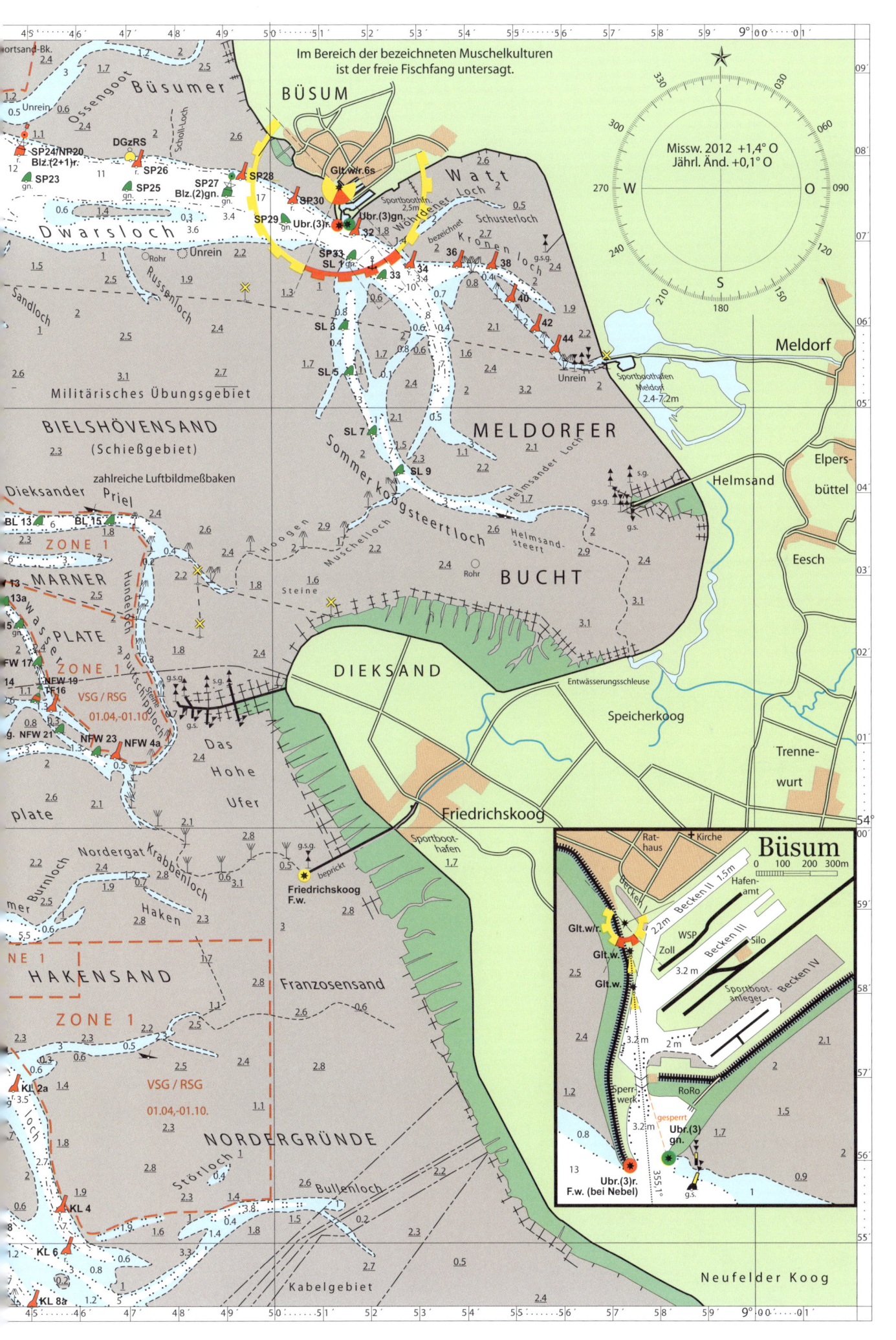

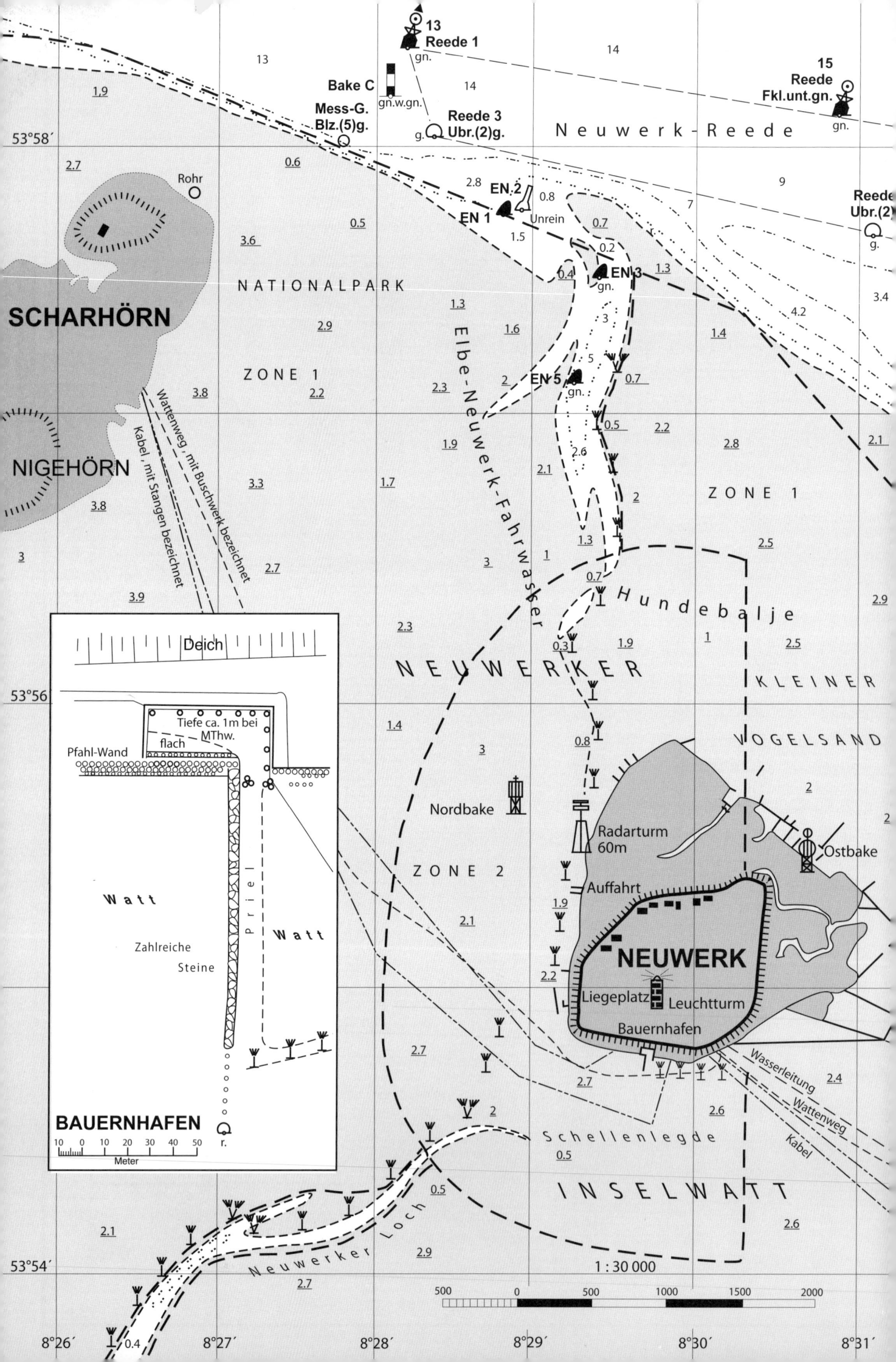

ELBMÜNDUNG

KARTE 3

HÄFEN UND LIEGEPLÄTZE FÜR DIE SPORTSCHIFFFAHRT

Neuwerk:
Ankermöglichkeit südlich von Tonne EN5, um das auflaufende Wasser abzuwarten.

Festmachen am Anleger an der Westseite auf hartem Sand. Bei HW ca. 2 m Wasser. Hinter dem Anleger bis ca. 80 cm Tiefgang. Baufahrzeuge und Ausflugsdampfer legen hier auch an. Teilweise kann man an den rotten Pfählen der Ostseite der Buhne festmachen.

Bauernhafen nur bei Hochwasser zu erreichen und nur bis 90 cm Tiefgang bei MTHW. Versorgungsmöglichkeiten und sanitäre Anlagen vorhanden.
Auskunft auch beim Segelsportverein Spieka Neufeld Tel.: 04741 1595

Cuxhaven:
1. Yachthafen hinter der Seebäderbrücke (ehem. RoRo-Anlage) NW-lich des Radarturms. Achtung! Vor der Einfahrt setzt starke Querströmung! Vor dem Ein- und Auslaufen muss ein langer Ton gegeben werden.

Zollabfertigung möglich. Liegeplätze für alle Sportschiffe. Unbedingt die Hinweise für die Bootslänge am Kopf des Schlengels beachten. (Boote nur 4 - 20 m) Hafengeld wird im Hafenmeisterbüro entrichtet, wo man sich sofort nach Ankunft melden muss. Hier erhält man auch alle Zugänge zu den Versorgungseinrichtungen - Duschmünzen, Waschmünzen, Stromzugang etc. nur über die Service-Karte vom Hafenmeister.
Bootstankstelle im Yachthafen (Diesel)
Hafenmeister Tel.: 04721/34111 oder 0175/5387961
Geschlossen vom 11.11. bis 31.3.

2. Alter Fischereihafen:
Mit Erlaubnis der Hafenmeisterei für sehr große Boote.

3. City Marina Cuxhaven:
Sicherer Hafen hinter dem Sperrwerk für Boote bis 25 m Länge.
Brückenöffnung zu jeder vollen und halben Stunde.
Betriebszeiten: 05.00 - 23.00 Uhr, Anforderung auf Kanal 69 Cuxhaven Lock oder Tel.: 04721/500120
Gäste melden sich in der Marina Gaststätte „WAL" an, Tel.: 04721/663077
Hafenmeister Marina: Mobil: 0171/1778001 oder
Mobil: 0175/9020015
Alle Versorgungseinrichtungen vorhanden 500m vom Stadtzentrum.
Dieselservice/Kran/Winterlager etc. über Boots- und SchiffswerftTel. 04721 399 000. Mail: info@marinakontor.de
Ganzjahresbetrieb

4. Amerikahafen:
Hinter Steubenhöft
Besucher bis 15 m an Auslegerschlengeln.
Unruhig bei NO-Wind.
Hafenmeister Tel.: 0170/1100175 oder 04721/74460

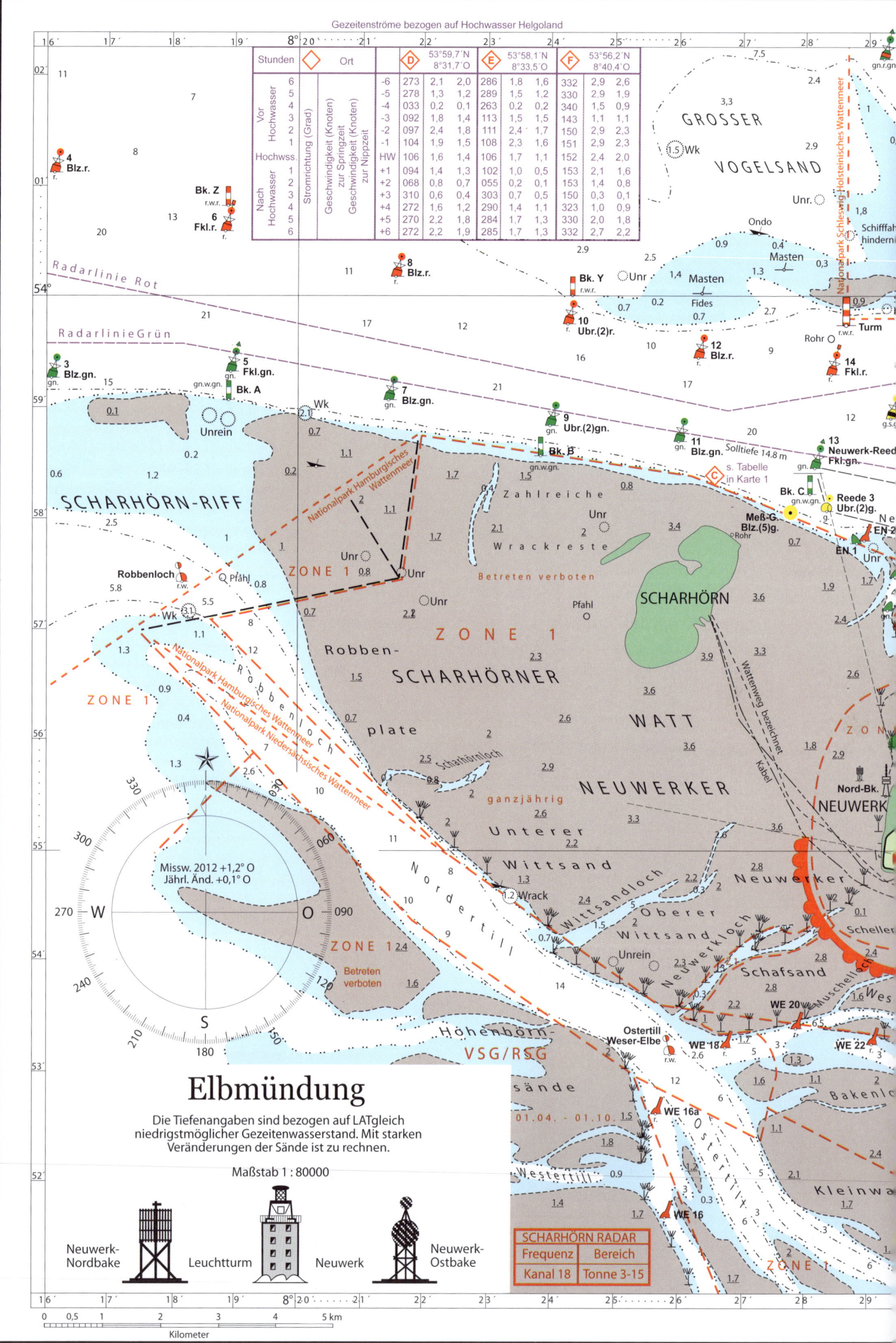

KARTE 3 - ELBMÜNDUNG

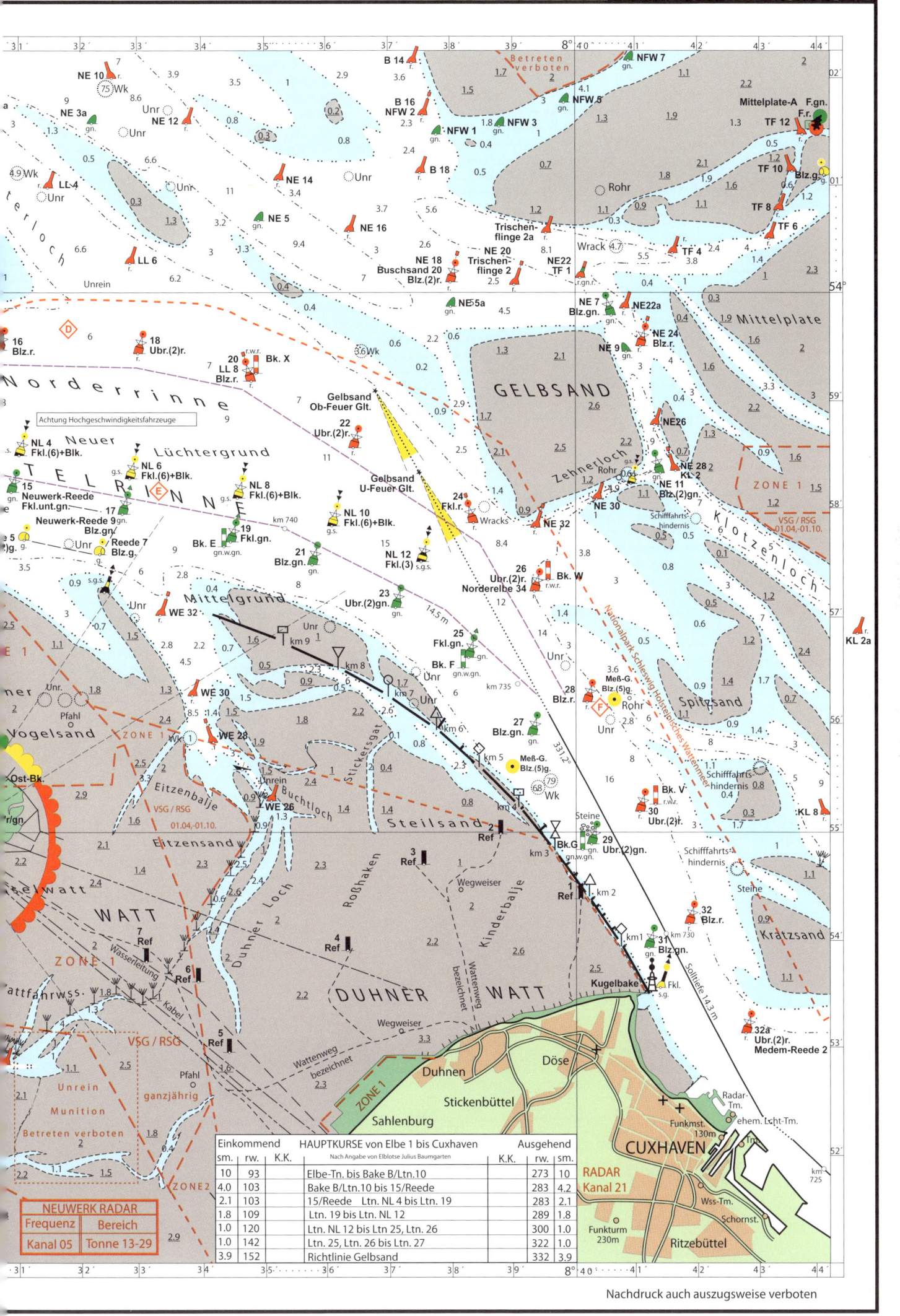

Einkommend			HAUPTKURSE von Elbe 1 bis Cuxhaven	Ausgehend		
sm.	rw.	K.K.	Nach Angabe von Elblotse Julius Baumgarten	K.K.	rw.	sm.
10	93		Elbe-Tn. bis Bake B/Ltn.10		273	10
4.0	103		Bake B/Ltn.10 bis 15/Reede		283	4.2
2.1	103		15/Reede Ltn. NL 4 bis Ltn. 19		283	2.1
1.8	109		Ltn. 19 bis Ltn. NL 12		289	1.8
1.0	120		Ltn. NL 12 bis Ltn 25, Ltn. 26		300	1.0
1.0	142		Ltn. 25, Ltn. 26 bis Ltn. 27		322	1.0
3.9	152		Richtlinie Gelbsand		332	3.9

NEUWERK RADAR	
Frequenz	Bereich
Kanal 05	Tonne 13-29

Nachdruck auch auszugsweise verboten

Ansteuerung Helgoland, Aquarell von Jochen Peschke

KARTE 4
CUXHAVEN BIS BELUM

HÄFEN UND LIEGEPLÄTZE FÜR DIE SPORTSCHIFFFAHRT

Altenbruch: Ansteuerung über Prickenweg für Schiffe mit wenig Tiefgang interessant. Zwei Schwimmstege, teilweise sehr harter Grund, fällt bei NW größtenteils trocken (Sielhafen). Wasseranschluß vorhanden.

Otterndorf: Einfahrt östlich der Leuchtbake in die Mündung der Medem, auf der stromabwärts liegenden Seite beprickt.
Yachthafen mit Schwimmstegen bis 1,5 m Tiefgang über weichem Schlick. Tiefergehende Boote liegen besser östlich des Kutterhafens vor der Sielschleuse. Im Kutterhafen vor dem Siel bis 0,9 m Tiefgang, teilweise fester Sand. Mastkran.
Hafenmeister Mobil: 0160/91380232

Wenn die Reise auf dem Elbe-Weser-Schiffahrtsweg (s. S. 22) fortgesetzt werden soll, kann man zum Hadelner Kanal durchschleusen und dort am Schlengel der Kreuzer-Abteilung des DSV festmachen.

\<td colspan=3\>Übersicht über die Verteilung und Aushang der BfS		
Ort	Aushangstellen	Gebiet
Cuxhaven	WSA Cuxhaven, Am Altenhafen 2 Pförtnerhaus des Bauhofes, Zollkaje WSP-Revier Cuxhaven, Präsident-Herwig-Str.	IV
Brunsbüttel	WSA Brunsbüttel, Alte Zentrale 4 WSA Hamburg, Verkehrszentrale, Schleuseninsel	II NOK, IV
Itzehoe	Hafenamt, Hafenstr. 30	
Glückstadt	Hafenamt, Sanitäranlage Gloria Werft	
Elmshorn	Hafenamt, Westerstr. 50-54	
Uetersen	Hafenamt, Ziegelei	
Stade	WSA Hamburg, Außenbezirk Stade, Salztor 10 WSP Stade	
Estemündung	Neuenfelde, Estesperrwerk	
Wedel	WSA Hamburg, Aussenbezirk Wedel, Deichstr. 7-9	
Hamburg	HPA, Oberhafenamt Hamburg, Neuer Wandrahm 4 WSA Hamburg, Moorweidenstr. 14 Naut. Inspektion, St.Pauli Landungsbrücken, Brücke 2 Oevelgönne, Museumshafen Tatenberger Schleuse. Schleusenmeister Hafenbezirk 28, Harburger Hafenschleuse Hafenamt Süd, Außenstelle Harburg, Hafenbez. 16/18 Hafenlotsenbrüderschaft Hamburg (Seemannshöft) Lotsenbrüderschaft Elbe, Lotsbezirk I Nautische Zentrale (Seemannshöft) Hafenamt West, Nbst. Finkenwerder, Kanalstack	IV, V

Oder ganz aktuell unter www.elwis.de

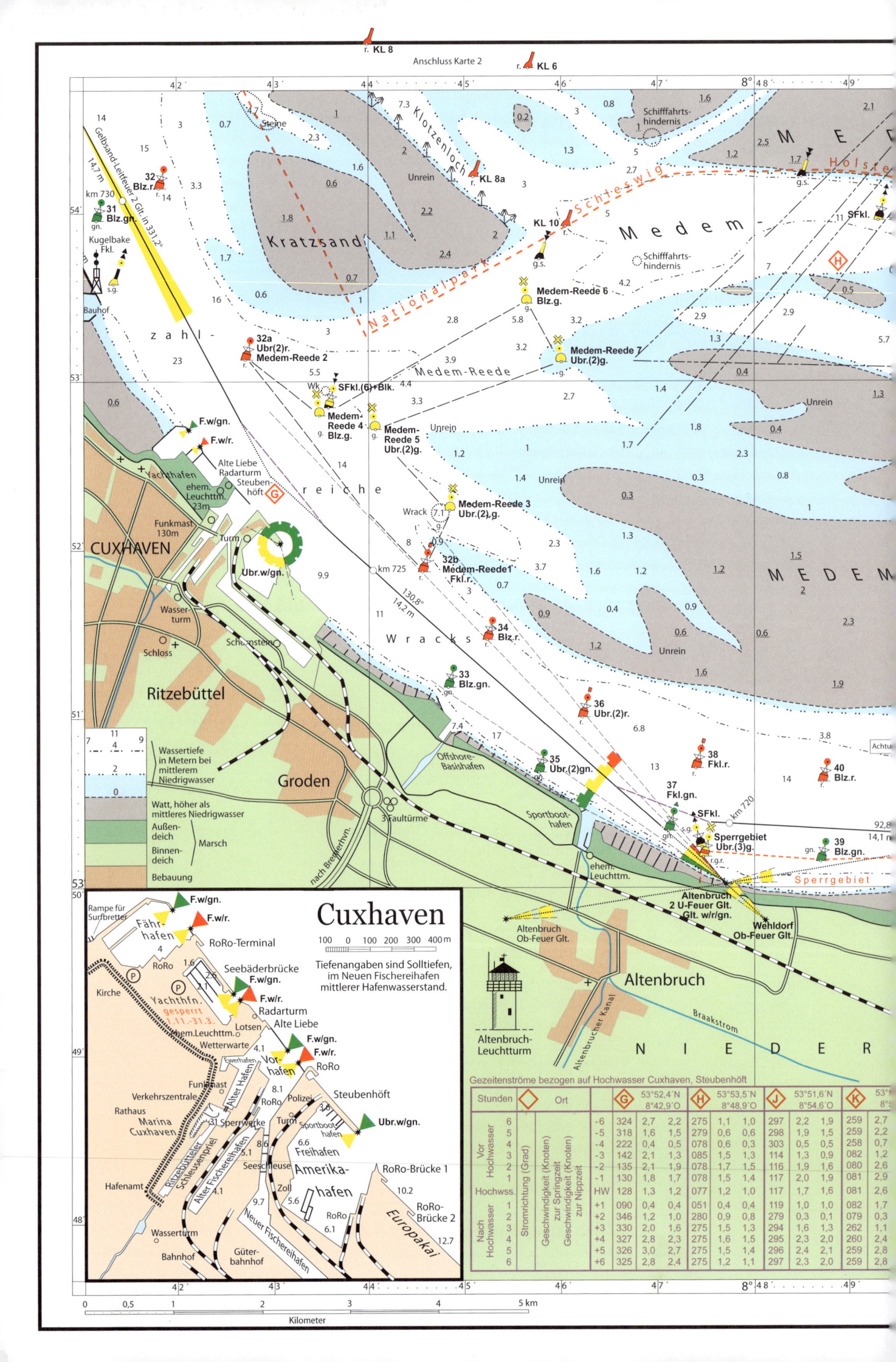

Cuxhaven

Tiefenangaben sind Solltiefen, im Neuen Fischereihafen mittlerer Hafenwasserstand.

Gezeitenströme bezogen auf Hochwasser Cuxhaven, Steubenhöft

Stunden		Ort	◇ G 53°52,4'N 8°42,9'O			◇ H 53°53,5'N 8°48,9'O			◇ J 53°51,6'N 8°54,6'O			◇ K 53° 8°	
Vor Hochwasser	6	Stromrichtung (Grad)	324	Geschwindigkeit (Knoten) zur Springzeit	Geschwindigkeit (Knoten) zur Nippzeit	275			297			259	
	6		324	2,7	2,2	275	1,1	1,0	297	2,2	1,9	259	2,7
	5		318	1,6	1,5	279	0,6	0,6	298	1,9	1,5	259	2,2
	4		222	0,4	0,5	078	0,6	0,3	303	0,5	0,5	258	0,7
	3		142	2,1	1,3	085	1,5	1,1	114	1,3	0,9	082	1,2
	2		135	2,1	1,9	078	1,7	1,5	116	1,9	1,6	080	2,6
	1		130	1,8	1,9	078	1,5	1,4	117	2,0	1,9	081	2,9
Hochwss.	HW		128	1,3	1,2	077	1,2	0,9	117	1,7	1,6	081	2,6
Nach Hochwasser	1		090	0,4	0,4	051	0,4	0,4	119	1,0	1,0	082	1,7
	2		346	1,2	1,0	280	0,9	0,8	279	0,3	0,1	079	0,3
	3		330	2,0	1,6	275	1,5	1,3	294	1,6	1,3	262	1,1
	4		327	2,8	2,3	275	1,6	1,5	295	2,3	2,0	260	2,4
	5		326	3,0	2,7	275	1,5	1,4	296	2,4	2,1	259	2,8
	6		325	2,8	2,4	275	1,2	1,1	297	2,3	2,0	259	2,8

KARTE 4 - CUXHAVEN BIS BELUM

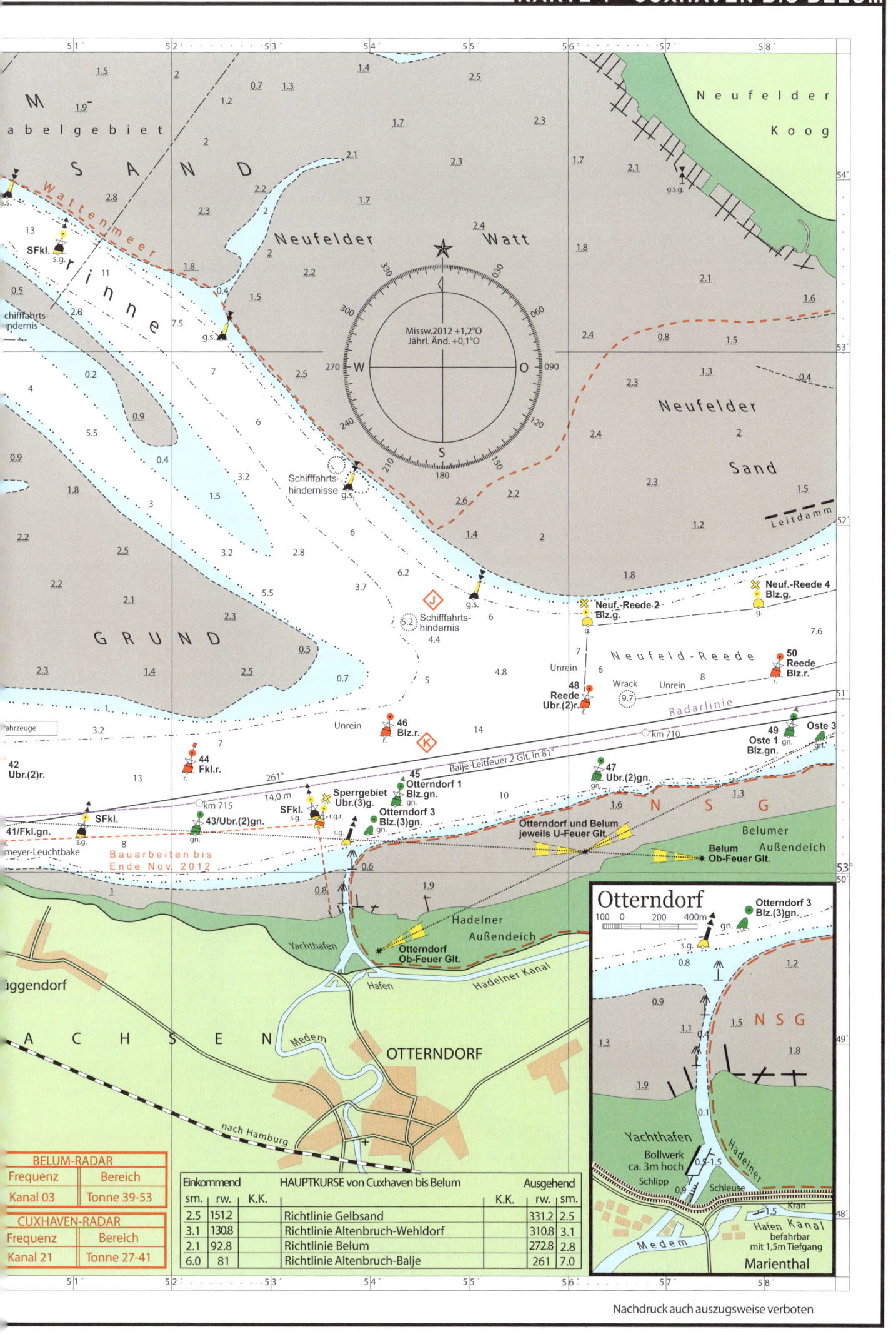

BELUM-RADAR	
Frequenz	Bereich
Kanal 03	Tonne 39-53

CUXHAVEN-RADAR	
Frequenz	Bereich
Kanal 21	Tonne 27-41

Einkommend		HAUPTKURSE von Cuxhaven bis Belum	Ausgehend		
sm.	rw.	K.K.	K.K.	rw.	sm.
2.5	151.2	Richtlinie Gelbsand		331.2	2.5
3.1	130.8	Richtlinie Altenbruch-Wehldorf		310.8	3.1
2.1	92.8	Richtlinie Belum		272.8	2.8
6.0	81	Richtlinie Altenbruch-Balje		261	7.0

Nachdruck auch auszugsweise verboten

Brunsbüttel, Aquarell von Jochen Peschke

KARTE 5

BELUM BIS SCHEELENKUHLEN

HÄFEN UND LIEGEPLÄTZE FÜR DIE SPORTSCHIFFFAHRT

Ostemündung: Achtung hier setzt starke Strömung! Gute Ankerplätze im Bereich der grünen Tonnen 11 + 13 in Höhe der Peil-Baken.

Sperrwerk: UKW Kanal 69 (Oste Bridge) besetzt Sa. - So. von 10.00 - 18.00 Uhr, Di - Do. 10.00 - 17.00 Uhr, sonst geöffnet. (außerhalb der normalen Zeiten Telefon: 04753/84 49 10 oder -422)

Neuhaus: Nahe km 68 sind Liegeplätze für Sportboote an Schwimmstegen. (Achtung Strömung) WCs im Clubhaus. Hafenmeister Tel.: 04752/330 Gegen HW kann man den Stadthafen erreichen. Der Hafen fällt ganz trocken. Versorgungseinrichtungen sind vorhanden.

In der nächsten Flußbiegung gibt es einen weiteren kleinen Yachthafen:
Geversdorf – 2 Schwimmstege oberstrom der Straßenbrücke (Öffnung 1.4. - 30.9. jeweils zur halben und vollen Stunde, Kanal 69). Duschen, sanitäre Anlagen im Lokal Ostehalle. Schlüssel beim Hafenmeister am Deich 13.

Oberndorf:
Straßenbrücke: Öffnung von 07.30 -19.30 Uhr, Tel.: 04772/86 10 11, Oste Bridge Oberdorf, Kanal 69) Schwimmstege an beiden Uferseiten. Liegegeld ist am Deichweg 3 zu entrichten.

Osten: Sportbootanleger an der Schlengelanlage des WSC Osten. Sanitäre Anlagen im Clubhaus.

Höchstgeschwindigkeit (§ 26 Abs. 4 SeeSchStrO) Höchstgeschwindigkeit durch das Wasser, die innerhalb der folgenden Strecken nicht überschritten werden darf:

Oste: von der Mündung bis Schwarzhütten 12 km/h, ein Schlepp- + Schubverband in Krümmungen sowie von Schwarzhütten bis Bremervörde 8 km/h

Ankern in der Oste nur in einer Reihe hintereinander und so dicht wie möglich am Ufer.

Neufeld: Zufahrt bis max. 1,5 m Tiefgang. Festmachen mit langen Leinen an der Pier oder längsseits von Sportbooten im hinteren Teil des Hafens. (Die Fischer laufen manchmal auch nachts aus)

Brunsbüttel:
(Brunsbüttel-Kiel Kanal 1 UKW Kanal 13)

1. Alter Hafen: Zufahrt hinter der roten Bake, beprickt. Die Schwimmstege fallen größtenteils trocken. WCs und Duschen hinter dem Deich.

2. Kanalhafen: Liegeplätze für Sportboote im Kanal im Binnenhafen an der Nordseite der Neuen Schleuse. Alle Versorgungsmöglichkeiten.

Gebührenanleger für Sportboote bei km 1,8 (s. S. 20)

Ausweichyachthafen für eine Übernachtung bei Kanal-km 2,7.

Im NOK ist das Segeln verboten mit Ausnahme:
1. Im Schleusenvorhafen der Alten Schleusen Kiel-Holtenau
2. Außerhalb des Fahrwassers auf dem Borgstedter See, Audorfer See, Obereidersee und Flemhuder See

Alte Schleuse Tel.: 04852 885-195
Neue Schleuse Tel.: 04852 885-222
WSA Brunsbüttel Tel.: 04852 9000

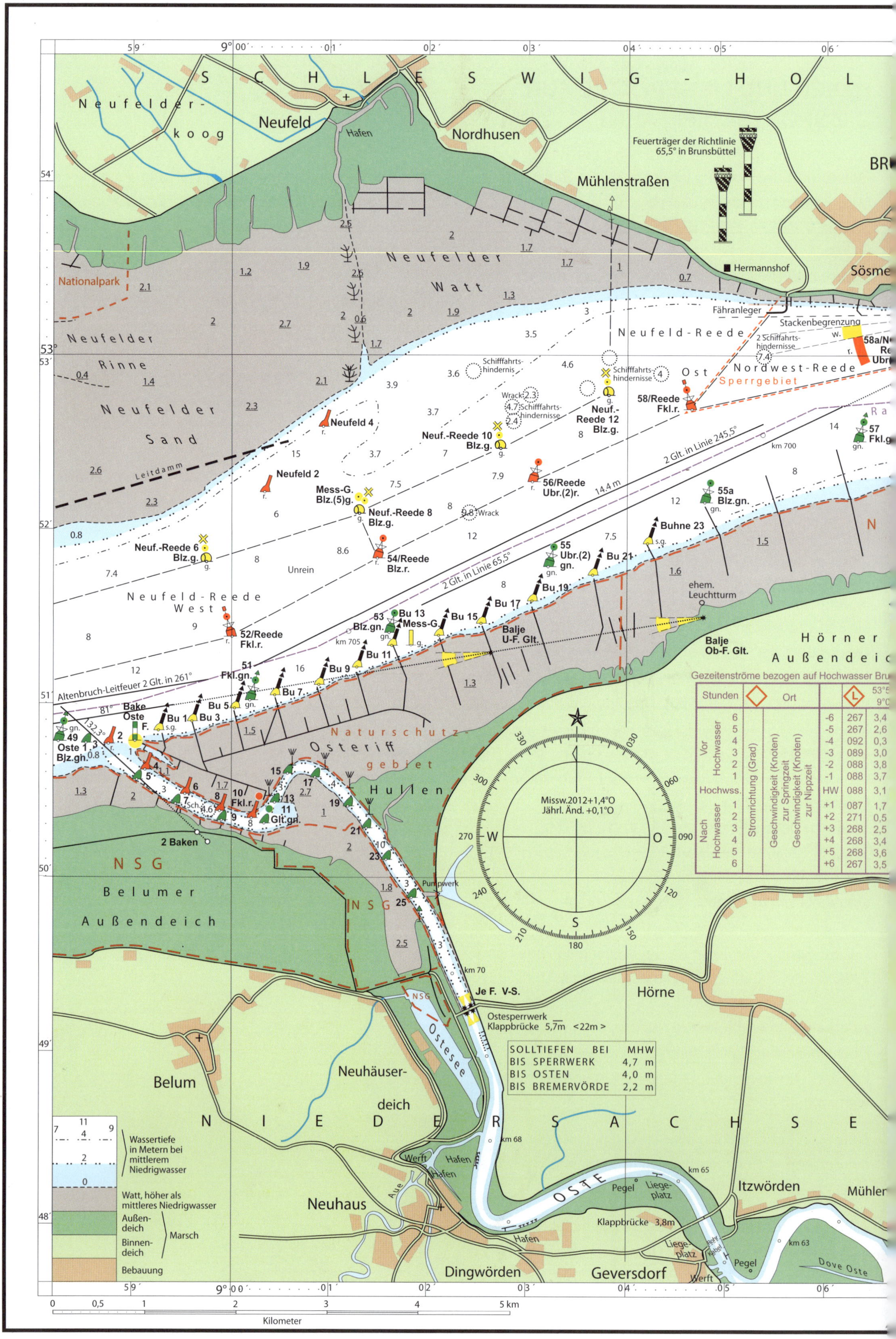

Gezeitenströme bezogen auf Hochwasser Bru

Stunden		Ort			53°5 9°
	Stromrichtung (Grad)	Geschwindigkeit (Knoten) zur Springzeit / Geschwindigkeit (Knoten) zur Nippzeit			
Vor Hochwasser 6			-6	267	3,4
5			-5	267	2,6
4			-4	092	0,3
3			-3	089	3,0
2			-2	088	3,8
1			-1	088	3,7
Hochwss.			HW	088	3,1
Nach Hochwasser 1			+1	087	1,7
2			+2	271	0,5
3			+3	268	2,5
4			+4	268	3,4
5			+5	268	3,6
6			+6	267	3,5

KARTE 5 - BELUM BIS SCHEELENKUHLEN

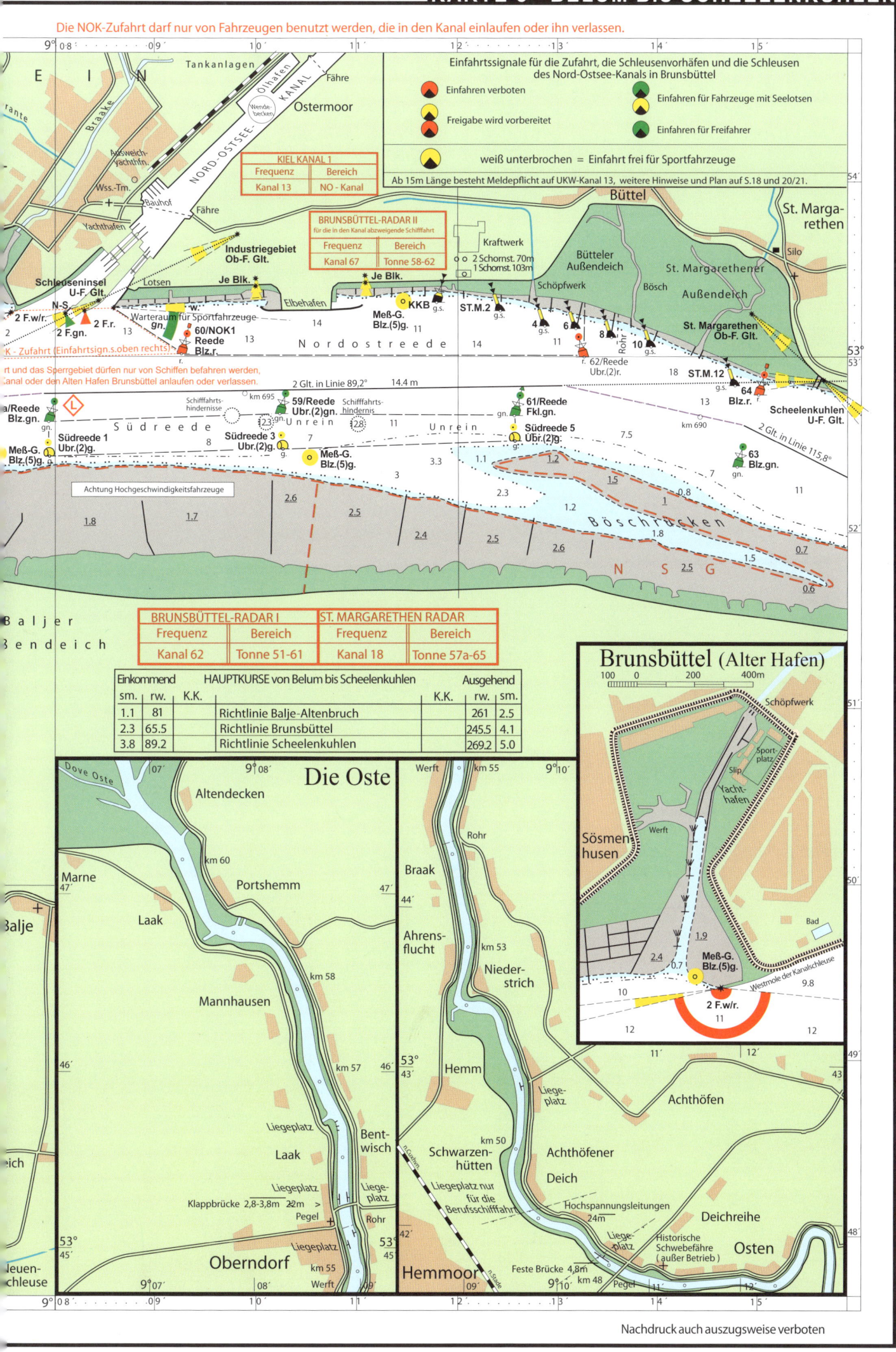

Die NOK-Zufahrt darf nur von Fahrzeugen benutzt werden, die in den Kanal einlaufen oder ihn verlassen.

Einfahrtssignale für die Zufahrt, die Schleusenvorhäfen und die Schleusen des Nord-Ostsee-Kanals in Brunsbüttel

- 🔴🔴 Einfahren verboten
- 🟢🟢 Einfahren für Fahrzeuge mit Seelotsen
- 🟡🟡 Freigabe wird vorbereitet
- 🟢🟢 Einfahren für Freifahrer
- 🟡 weiß unterbrochen = Einfahrt frei für Sportfahrzeuge

Ab 15m Länge besteht Meldepflicht auf UKW-Kanal 13, weitere Hinweise und Plan auf S.18 und 20/21.

KIEL KANAL 1
Frequenz	Bereich
Kanal 13	NO - Kanal

BRUNSBÜTTEL-RADAR II
für die in den Kanal abzweigende Schifffahrt
Frequenz	Bereich
Kanal 67	Tonne 58-62

BRUNSBÜTTEL-RADAR I
Frequenz	Bereich
Kanal 62	Tonne 51-61

ST. MARGARETHEN RADAR
Frequenz	Bereich
Kanal 18	Tonne 57a-65

HAUPTKURSE von Belum bis Scheelenkuhlen

Einkommend				Ausgehend		
sm.	rw.	K.K.		K.K.	rw.	sm.
1.1	81		Richtlinie Balje-Altenbruch		261	2.5
2.3	65.5		Richtlinie Brunsbüttel		245.5	4.1
3.8	89.2		Richtlinie Scheelenkuhlen		269.2	5.0

Brunsbüttel (Alter Hafen)

Die Oste

Nachdruck auch auszugsweise verboten

DIE STÖR

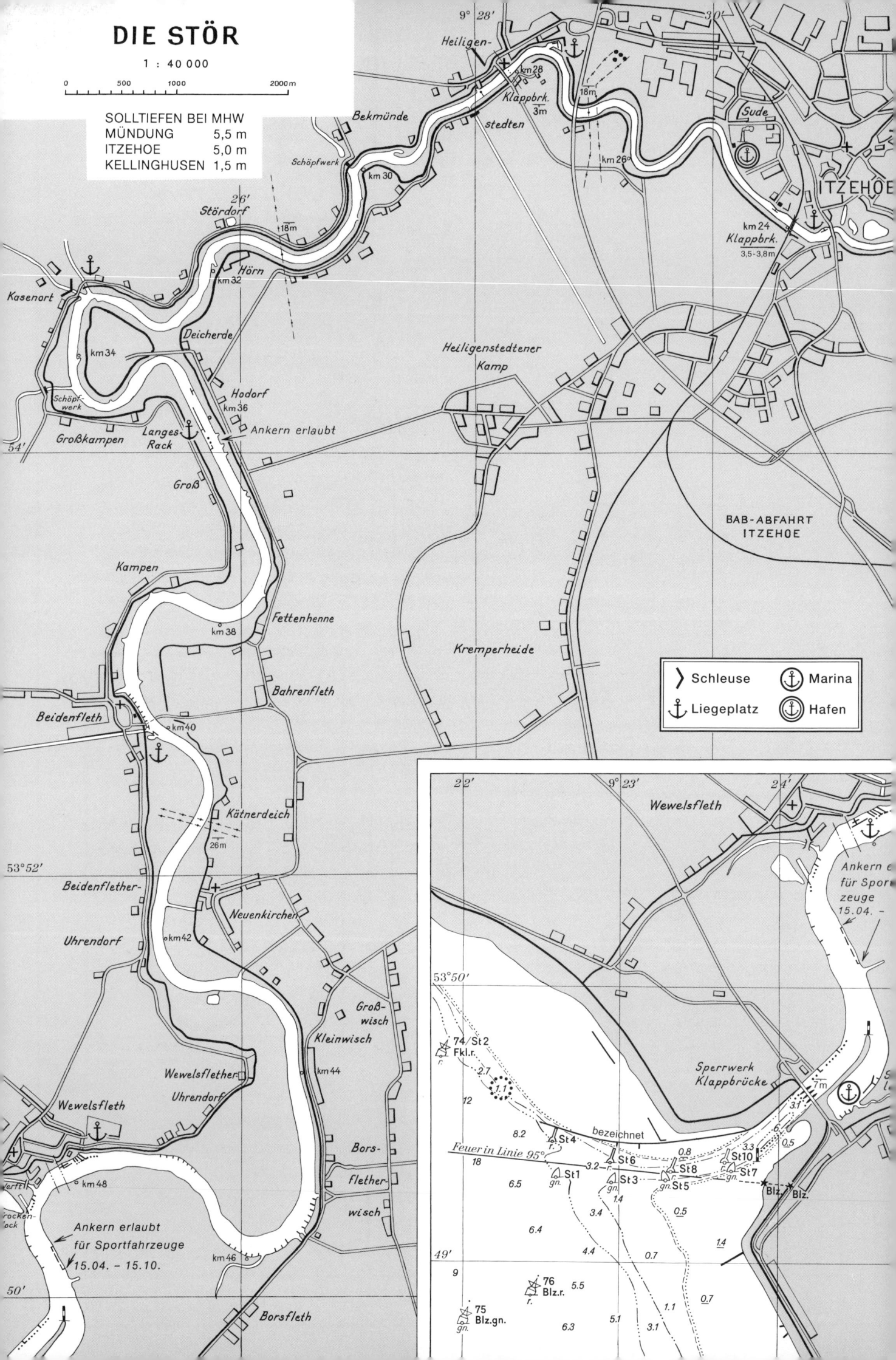

1 : 40 000

SOLLTIEFEN BEI MHW
MÜNDUNG 5,5 m
ITZEHOE 5,0 m
KELLINGHUSEN 1,5 m

Legend:
- ⟩ Schleuse
- ⚓ Liegeplatz
- ⚓ Marina
- ⚓ Hafen

KARTE 6
SCHEELENKUHLEN BIS BIELENBERG

HÄFEN UND LIEGEPLÄTZE FÜR DIE SPORTSCHIFFFAHRT

Freiburg: Beprickte Zufahrt ab Reede 1.
Kleiner tidenabhängiger Hafen oberhalb des Sperrwerks, der trockenfällt. Boote bis 1 m Tiefgang können ab 2,5 Stunden vor und bis ca. 1,5 Stunden nach HW-Glückstadt den Hafen erreichen. Bis max. 2 m Tiefgang bei MHW. Zu erreichen über einen Priel, dessen Barre trockenfällt.
Neue Schlengelanlage im alten Handelshafen
Alle Versorgungseinrichtungen und sanitären Anlagen sind vorhanden.
Hafenmeister Tel.: 04779/925197/ www.sv-freiburg.de

Wischhafen: Liegeplätze für Sportboote sind oberhalb des Sperrwerks am N-Ufer der Wischhafener Süderelbe. Die Wassertiefe bis zu den Sportbootanlagen beträgt bei Niedrigwasser etwa 0,5 - 1 m (neigt zur Verschlickung). Der nördliche Teil fällt trocken. Innenkante der Schwimmstege nur für sehr flache Boote geeignet. Slipanlage, Mastkran.
Alle für die Sportschifffahrt notwendigen Versorgungseinrichtungen sowie sanitäre Anlagen sind vorhanden.

Ruthenstrom: Im Einfahrtsbereich für Yachten zum Anlegen gesperrt. Ansonsten teilweise Festmachen an den Kümos möglich. Eine Schlengelanlage für Sportboote liegt dicht unterhalb des Siels am linken und rechten Ufer für Boote bis 1,4 m Tiefgang. Versorgungseinrichtungen sind vorhanden.
Hafenmeister Tel.: 04143/6682

Höchstgeschwindigkeit: (§ 26 Abs. 4 SeeSchStrO)
Höchstgeschwindigkeit durch das Wasser, die innerhalb der folgenden Strecken nicht überschritten werden darf:

Freiburger Hafenpriel, Wischhafener Süderelbe
Ruthenstrom, Bützflether S-Elbe — 8 km/h
Stör-Mündung bis
Hafengrenze Itzehoe-Sude — 15 km/h

Verbot des Wasserskifahrens und Segelsurfens:
Freiburg Reede, Wischhafen Reede, Krautsand Reede, Grauerort Reede, Twielenfleth Reede sowie in allen Bereichen bis 200 m vor Hafeneinfahrten, Anlegestellen und Liegestellen

STÖR:
(Sperrwerk Schallsignal 2 x lang/UKW Kanal 9 Ruf Stör Lock Tel.: 04124/97026)

Störloch/Borsfleth: An der Südseite der Stör oberhalb des Sperrwerks. Gäste liegen längsseits oder in Boxen, weicher Schlick. Sanitäre Einrichtungen vorhanden. Wasser, Strom am Schlengel.
Wassertiefe 2 - 4 m
Hafenmeister Tel.: 0171/6540242 oder 0175/9876143

Wewelsfleth: Wassertiefe zwischen 4 und 7 m, Schlengelanlage für ca. 50 Sportboote, 10 Gastliegeplätze mit Wasser + Strom am Schlengel. In der nebenan gelegenen Werft kann Benzin bzw. Diesel gebunkert werden. Gasbefüllung, Fäkalienschüttstelle.
Telefon: 04829/7033

Beidenfleth: Anlegemöglichkeiten an der W-Seite unterhalb der Seilfähre (Werftschlengel) und oberhalb des Silos (Clubanlage). Telefon: 04823/6769 od. 8704

Langes Rack: Liegestelle für Sportboote am rechten Ufer. Wasser und Strom am Schlengel.

Kasenort: Yachthafen östlich der Schleuse zur Wilster Aue. Der Yachthafen fällt trocken. Für tiefergehende Boote gibt es eingeschränkt Liegemöglichkeiten an den Dalben vor der Schleusenzufahrt.

Heiligenstedten: Der Yachthafen ist ein Dockhafen. Ein- und Auslaufen ist etwa 1 Stunde vor HW bis HW möglich. Wasser und Strom vorhanden.

. . . .

Glückstadt: Liegeplätze für Sportboote sind vor der Rhinschleuse im Außenhafen. Die Nord- und Südseite im Außenhafen sind für Sportboote gesperrt. Die Schleuse zum Innenhafen wird 2 Stunden vor HW bis HW auf Signal 2 mal lang geöffnet. Hier befinden sich auch WCs/Duschen.
Alle Versorgungsmöglichkeiten in der Stadt.
Hafenmeister Tel.: 04124/5234
Schleuse Tel.: 04124/916012

Bielenberg

53° 44,8' N 9° 26,3' O

Glückstadt

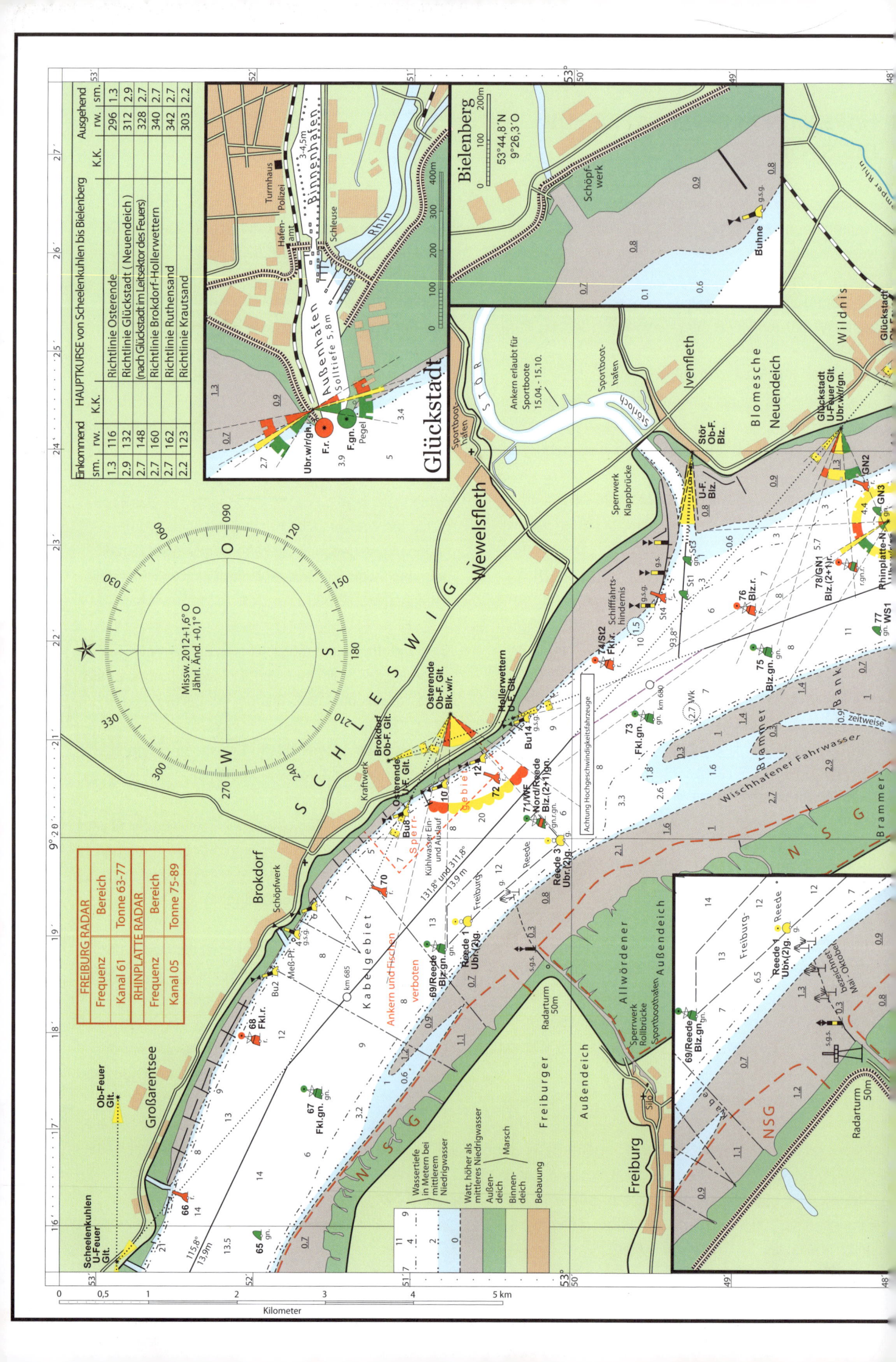

HAUPTKURSE von Scheelenkuhlen bis Bielenberg				
Einkommend			Ausgehend	
sm.	rw.	K.K.	rw.	sm.
1,3	116	Richtlinie Osterende	296	1,3
2,9	132	Richtlinie Glückstadt (Neuendeich)	312	2,9
2,7	148	(nach Glückstadt im Leitsektor des Feuers)	328	2,7
2,7	160	Richtlinie Brokdorf-Hollerwettern	340	2,7
2,7	162	Richtlinie Ruthensand	342	2,7
2,2	123	Richtlinie Krautsand	303	2,2

FREIBURG RADAR		
Frequenz	Kanal 61	Bereich Tonne 63-77
RHINPLATTE RADAR		
Frequenz	Kanal 05	Bereich Tonne 75-89

Missw. 2012 +1,6° O
Jährl. Änd. +0,1° O

Achtung Hochgeschwindigkeitsfahrzeuge

Ankern erlaubt für Sportboote 15.04.-15.10.

Ankern und Fischen verboten

Wassertiefe in Metern bei mittlerem Niedrigwasser
Watt, höher als mittleres Niedrigwasser
Außendeich / Binnendeich — Marsch
Bebauung

KARTE 6 - SCHEELENKUHLEN BIS BIELENBERG

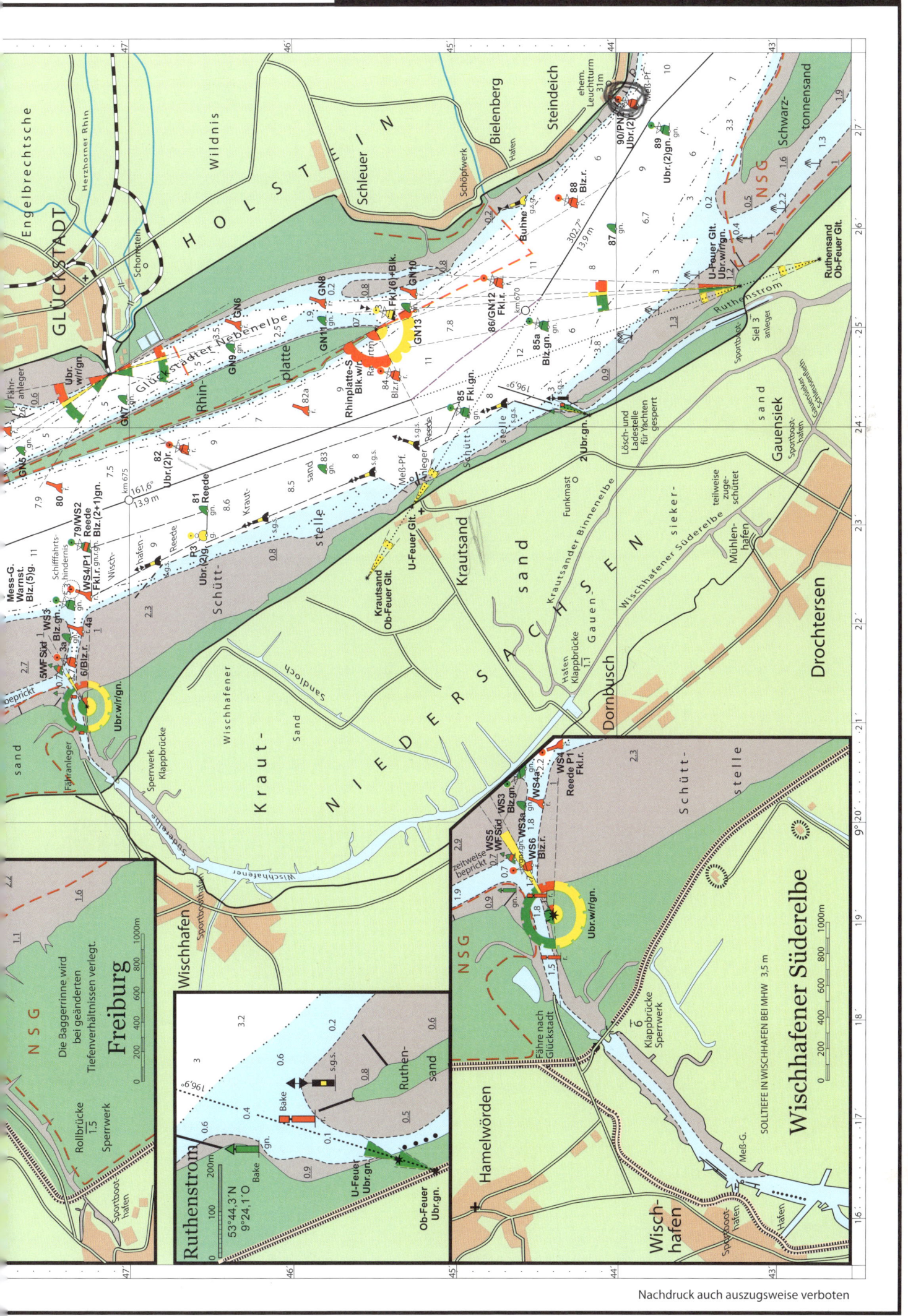

Nachdruck auch auszugsweise verboten

DIE PINNAU und DIE KRÜCKAU

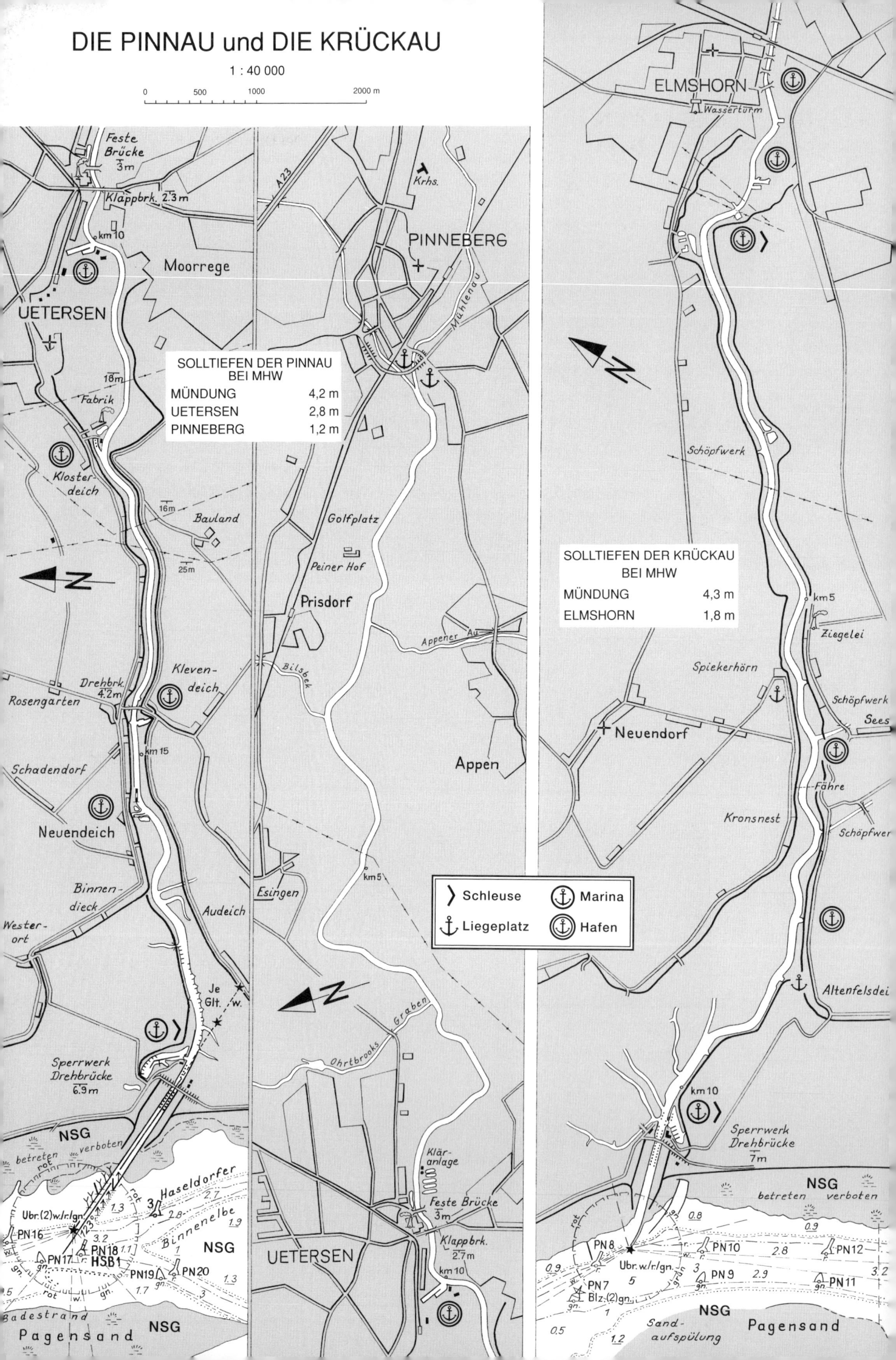

1 : 40 000

SOLLTIEFEN DER PINNAU BEI MHW	
MÜNDUNG	4,2 m
UETERSEN	2,8 m
PINNEBERG	1,2 m

SOLLTIEFEN DER KRÜCKAU BEI MHW	
MÜNDUNG	4,3 m
ELMSHORN	1,8 m

⟩	Schleuse	⚓ (circle)	Marina
⚓	Liegeplatz	⊕	Hafen

KARTE 7
BIELENBERG BIS LÜHE

HÄFEN UND LIEGEPLÄTZE FÜR DIE SPORTSCHIFFFAHRT

Barnkrug: Schlengelanlage im Priel, der am Südende des Schwarztonnesands beginnt (3 Pricken). Kleiner Hafen, trockenfallend, weicher Schlick. Keine Versorgung.

Abbenfleth: Liegeplätze sind in der Bützflether Süderelbe an der W-Seite oberhalb des Sperrwerks. Die Bützflether Süderelbe fällt größtenteils trocken. Sanitäre Anlagen vorhanden.

SCHWINGE:
Im Jahr 2003 wurde die Schwinge ausgebaggert, so dass Stade mit 1,8 m Tiefgang bei NW erreicht werden konnte. Fluss und Hafen neigen zur Verschlickung.

Stadersand: Anlagen für Sportboote unmittelbar oberhalb des Sperrwerks an der NW-Seite der Schwinge. Fahrzeuge bis 9,5 m Länge, 3 m Breite und 1,5 m Tiefgang können die Anlagen benutzen. Sanitäre Anlagen und Slipanlage vorhanden.
SV Stade Hafenwart: 04141/63689 o. 0171/3621695

Segelclub Diamant: Anlegemöglichkeit km 2,7 einlaufend steuerbord. Fällt trocken.
Hafenmeister Tel.: 04141/2860

Symphonie: Unterhalb der Eisenbahnklappbrücke (Tel 04141 2317). Stark veränderliche Wassertiefen.

Stade: Sportboote liegen im östlichen Teil des Stadthafens. Neigt zur Verschlickung. Sanitäre Einrichtungen sind vorhanden. Gute Versorgungsmöglichkeiten. W-LAN geplant.
Hafenmeister: 0151/15040495 oder 04141/44383

Der Holzhafen hinter der Schleuse kann nur mit gelegtem Mast erreicht werden. Ca. 1,5 m Wassertiefe

Höchstgeschwindigkeit:
Bekanntmachung der WSD-Nord (12)
Krückau, Pinnau, Schwinge, Lühe-Mündung bis Hafen Steinkirchen, Este   8 km/h

KRÜCKAU:
Krückaumündung: Der Dockhafen mit 1-3 m Wassertiefe für Sportboote liegt SO-lich oberhalb des Sperrwerks. Ein- und Ausfahrt 2 Stunden vor HW bis HW. Max. Breite 3,5 m für das Tidentor. Alle notwendigen Versorgungseinrichtungen vorhanden.
Hafenmeister Tel.: 04125/653

Kleine Häfen:	km
Störenhaus	9,6
Seestermühe	8,0
Seester	6,2
Spiekerhörn/Anleger	6,0
Elmshorn: 1. WSE	1,2

Für Sportboote bis 10 m Länge und 1,2 m Tiefgang. Dockhafen. Tidenhub 1,5 m. Ein- und Auslaufen 1,5 Std. vor HW bis 1,5 Std. nach HW. Sanitäre Anlagen, Slip.

2. SVE	0,9

Trockenfallend. Alle Einrichtungen.

Anleger des Fischereivereins	0,4

Die Stadt Elmshorn hat im Stadthafen eine Schlengelanlage für Sportboote eingerichtet.

PINNAU:
Pinnaumündung: Dockhafen mit 2 m Wassertiefe dicht oberhalb des Sperrwerks an der N-lichen Seite der Pinnau. Ein- und Ausfahrt 2 Std. vor HW bis HW. Für Sportboote bis 12 m. Sanitäre Anlagen, Duschen, Mastkran vorhanden.
Hafenmeister Mobil: 0172/9165720

Kleine Häfen und Anleger:	km
Warteschlengel für Dockhafen N-liches Ufer	17,6
Neuendeich, Hafen N-liches Ufer	15,5
Aalkate, Anleger N-liches Ufer	15,1
Klevendeich, Hafen S-liches Ufer	14,5
Warteschlengel für Brückenöffnung S-lich	14,3
Klosterdeich N-lich	12,1
Uetersen N-lich	10,0
Pinneberg S-lich Sportbootanleger	0

Haseldorf: Zufahrt zweigt NO des Dwarslochs ab, beprickt. Ruhiger Sielhafen, fällt trocken, weicher Schlick. Sanitäre Anlagen/Duschen vorhanden.
Hafenmeister-Telefon im Sommer: 0162/8859020

Hetlinger Schanze: Kleiner Sielhafen. Wasser, Strom, WCs/Dusche. Kontakt: WSVH 04103/87909 oder 04103/8585651

HAUPTKURSE von Bielenberg bis Lühe

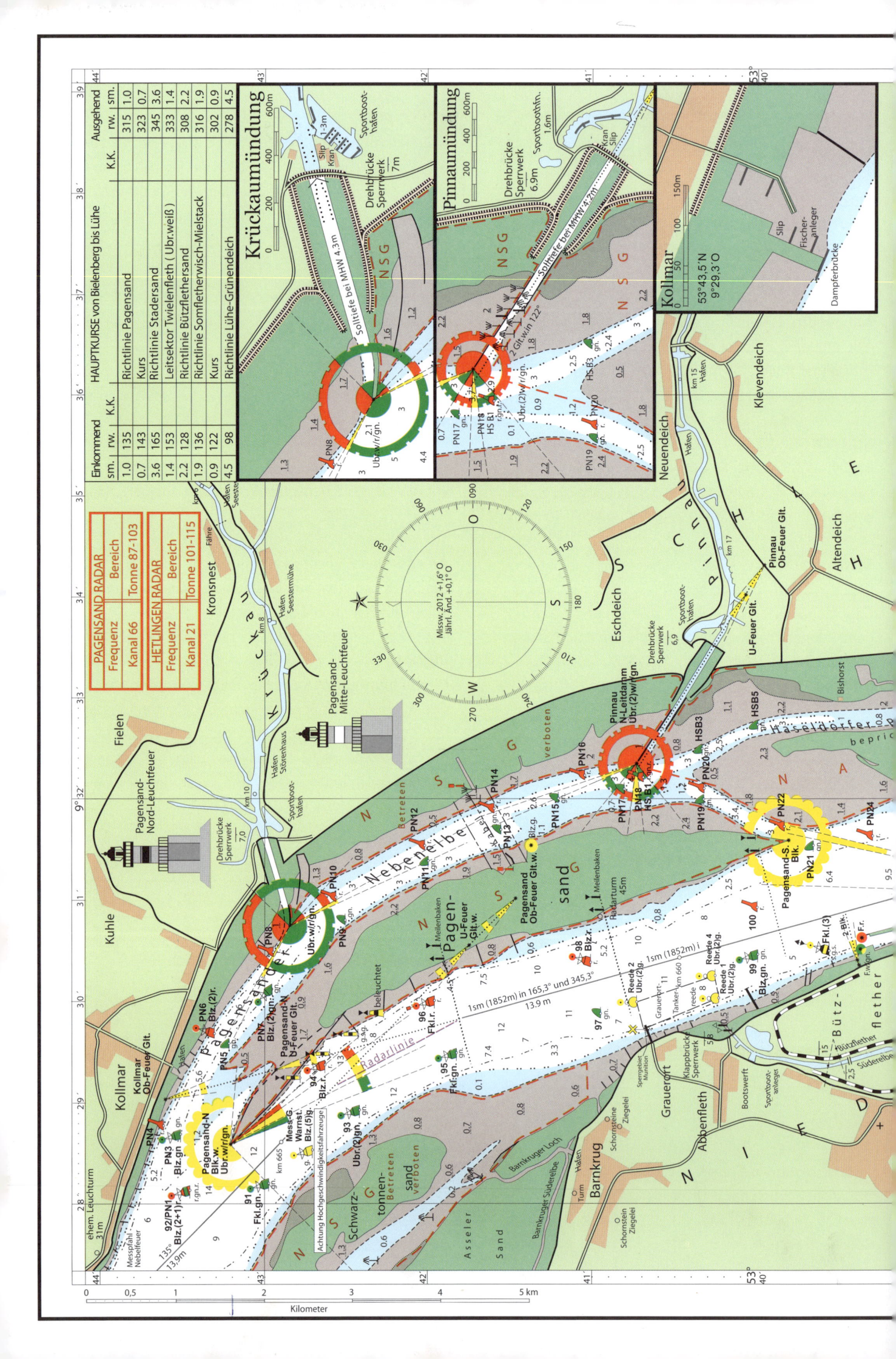

		Einkommend			Ausgehend	
		K.K.	rw.	sm.	rw.	sm.
Richtlinie Pagensand	Kurs	135	1.0	315	1.0	
			143	0.7	323	0.7
Richtlinie Stadersand			165	3.6	345	3.6
Leitsektor Twielenfleth (Ubr.weiß)			153	1.4	333	1.4
Richtlinie Bützflethersand			128	2.2	308	2.2
Richtlinie Somfletherwisch-Mielstack			136	1.9	316	1.9
Kurs			122	0.9	302	0.9
Richtlinie Lühe-Grünendeich			98	4.5	278	4.5

Krückaumündung

Solltiefe bei MHW 4.3 m

Pinnaumündung

Solltiefe bei MHW 4.7 m

Kollmar

53°43,5′N 9°29,3′O

PAGENSAND RADAR
Frequenz — Kanal 66 — Bereich Tonne 87-103

HETLINGEN RADAR
Frequenz — Kanal 21 — Bereich Tonne 101-115

Missw. 2012 +1,6°O
Jährl. Änd. +0,1°O

KARTE 7 - BIELENBERG BIS LÜHE

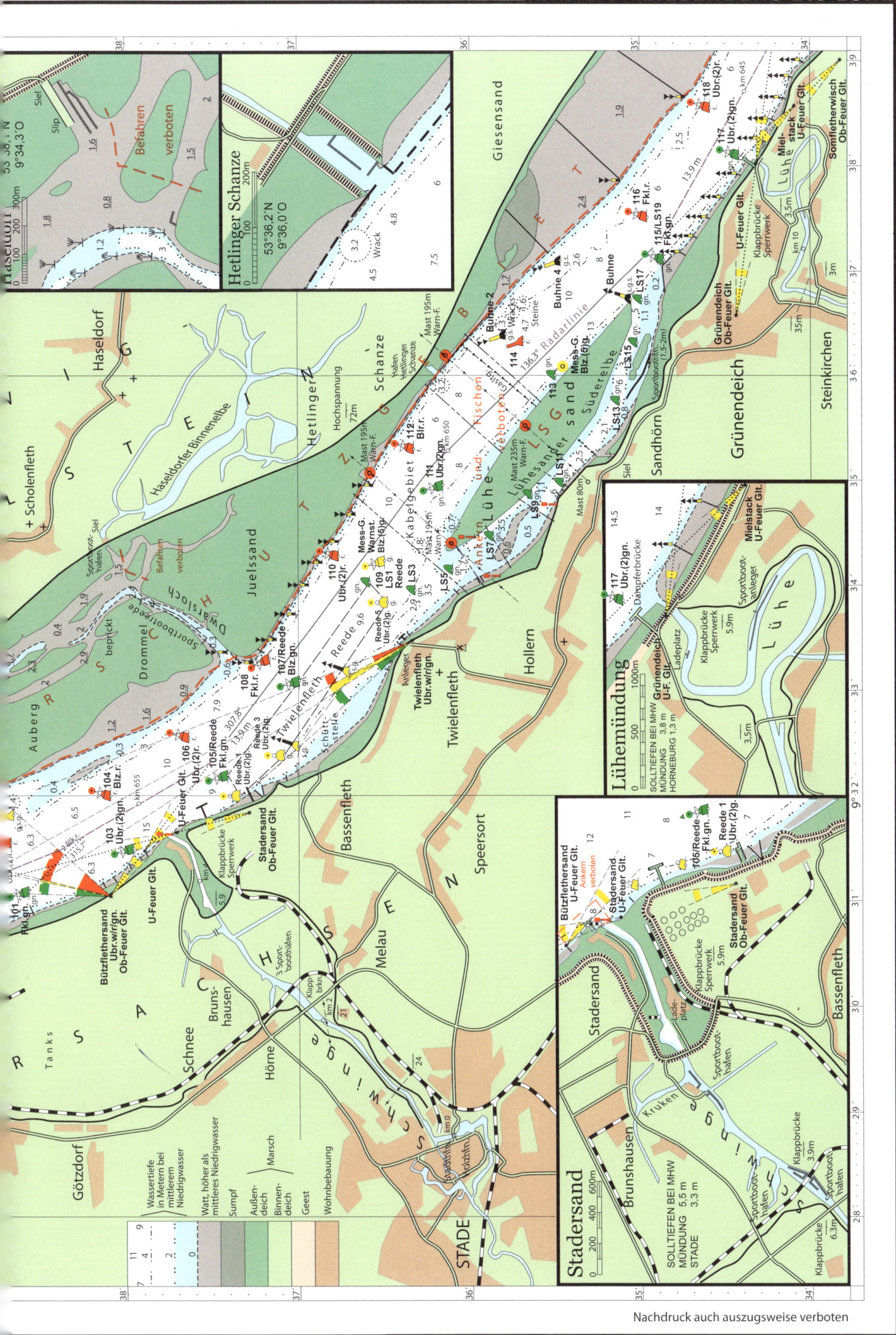

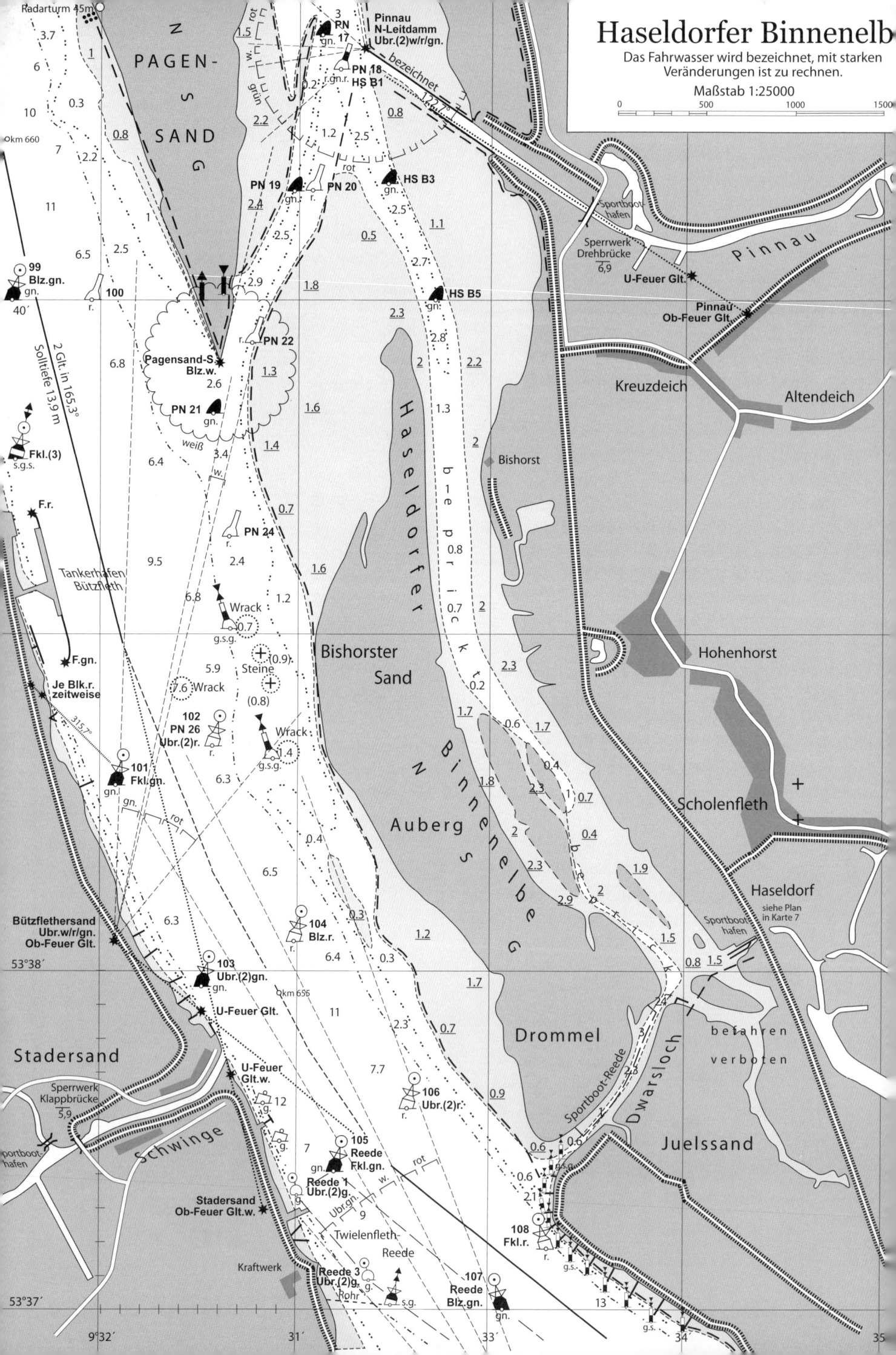

Haseldorfer Binnenelbe

Das Fahrwasser wird bezeichnet, mit starken
Veränderungen ist zu rechnen.

Maßstab 1:25000

KARTE 8

LÜHE BIS KÖHLBRAND

HÄFEN UND LIEGEPLÄTZE FÜR DIE SPORTSCHIFFFAHRT

Lühe: Liegeplätze beim Fährhaus Cohrs, Café Gosch und TUS Jork.

Neuenschleuse: Kleiner Hafen mit Gästeschlengel an der Spundwand. Sanitäre Anlagen. Beim Einlaufen in der Hafeneinfahrt zeitweise starke Querströmung. Tel.: 04162/8031

Este: Liegeplätze hinter dem Sperrwerk. Für kleine Boote weitere Anlegemöglichkeiten flussaufwärts bis Buxtehude.

Rüschkanal: Liegeplätze für Sportboote an der O-Seite des Rüschkanals. Gästeliegeplätze bei den verschiedenen Segelvereinen mit WC/Duschen. Sportboot-Werftbetriebe im südlichen Teil. Einkaufsmöglichkeiten 5 Min. zu Fuß. Tel.: 0171/386 26 67

Hamburger Yachthafen Wedel: Im Hafen in der Regel 2,5 bis 4,5 m Wassertiefe. Ca. 1.800 Liegeplätze. Alle Versorgungseinrichtungen und W-LAN vorhanden (s. Plan). Liegeplätze werden zugewiesen.
Warteschlengel: Schlengel F am Kopf.
Tankstelle Di. geschlossen
Hafenmeister Ost-Teil + Tankstelle Tel.: 0172/6423227
Hafenmeister Mitte   Tel.: 0172/6423228
Hafenmeister W-Teil   Tel.: 0171/2766300

Schulau: Liegeplätze im inneren Teil des Hafens, größere Yachten vorher beim Hafenmeister Tel.: 0172/4867276 anmelden (Unruhig Schwell)

Blankeneser Jollenhafen: Keine Gastliegeplätze

Mühlenberger Yachthafen: Gastliegemöglichkeiten. Teilweise sehr flach.

Teufelsbrück: Kleiner trockenfallender Hafen an der Elbchaussee mit guter Stadtanbindung. Duschen/WCs, Restaurant.

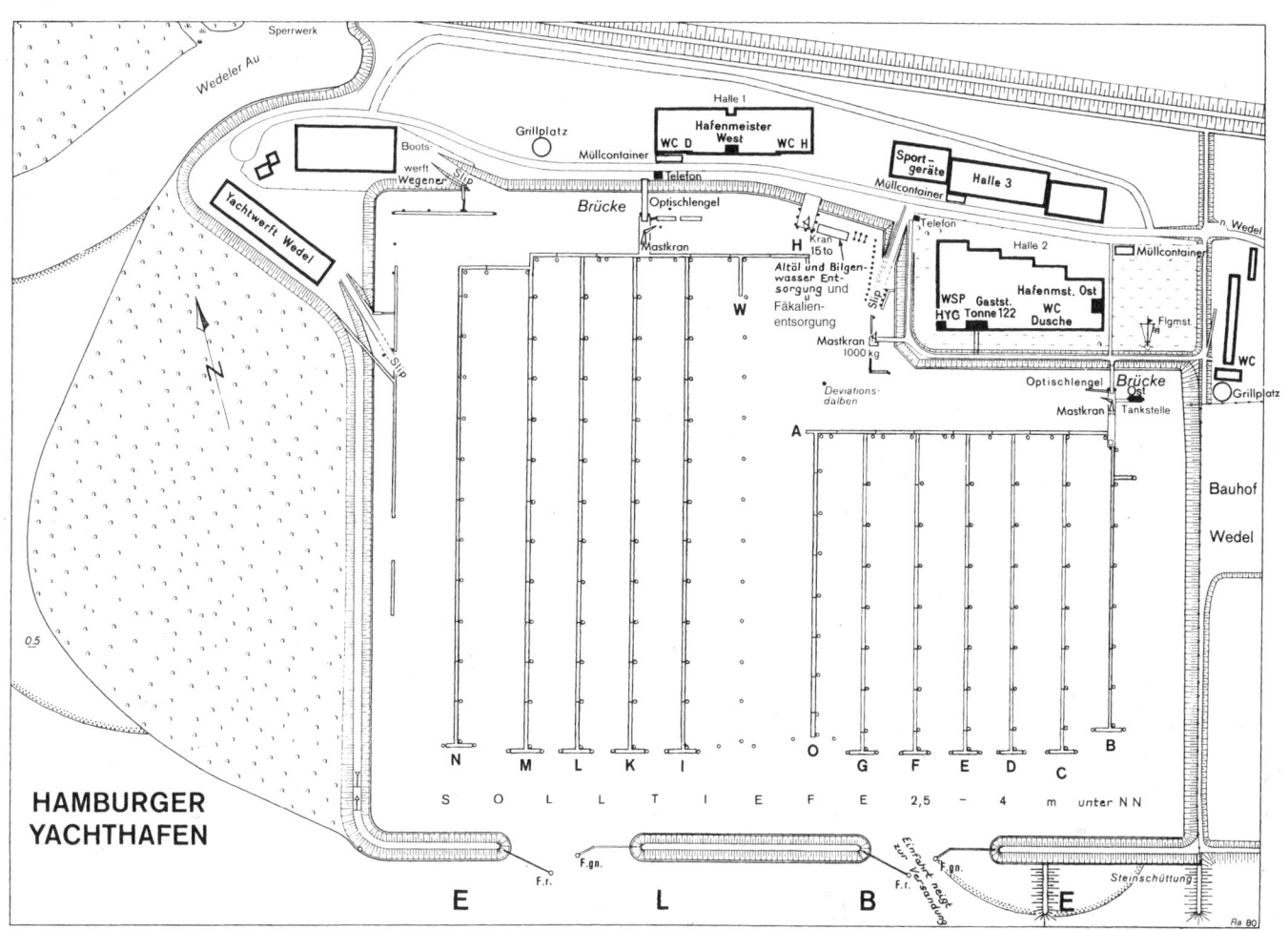

Wasserski und Segelsurfen im Fahrwasser erlaubt:
Lühsander Süderelbe zw. Tonne LS 5 + LS 11
Hahnöfer Nebenelbe zw. Tonne HN 3 + HN 11
Segelsurfen ist zusätzlich erlaubt:
Haseldorfer Binnenelbe zwischen der Verbindungslinie des roten Dalben auf dem Kopf des Leitdammes zur Pinnaumündung mit der Tonne PN 20 und der Einmündung des Dwarslochs

HAUPTKURSE von Lühe bis Köhlbrand

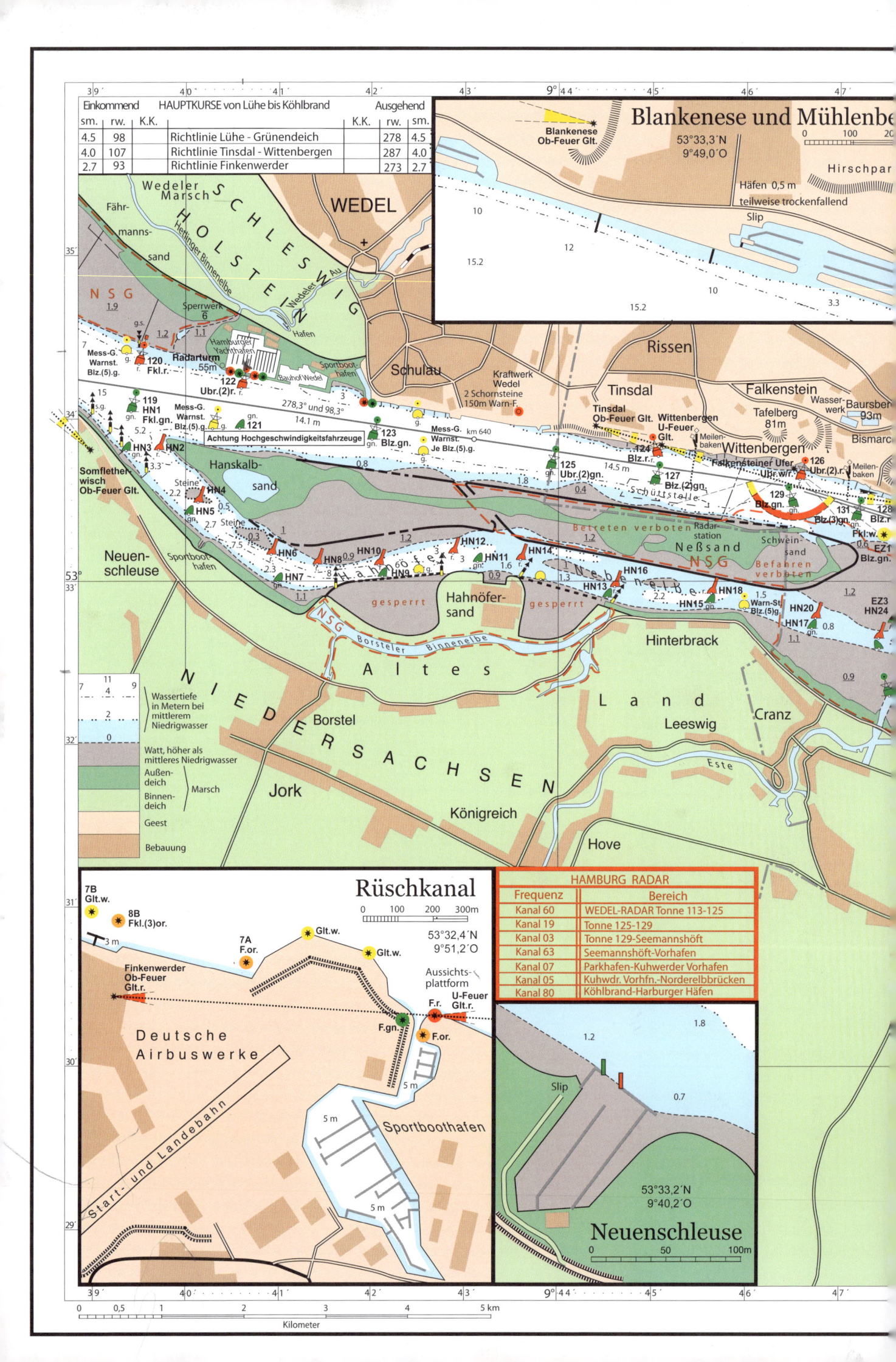

Einkommend				Ausgehend		
sm.	rw.	K.K.		K.K.	rw.	sm.
4.5	98		Richtlinie Lühe - Grünendeich		278	4.5
4.0	107		Richtlinie Tinsdal - Wittenbergen		287	4.0
2.7	93		Richtlinie Finkenwerder		273	2.7

Blankenese und Mühlenberg
53°33,3′N
9°49,0′O

Rüschkanal
53°32,4′N
9°51,2′O

HAMBURG RADAR

Frequenz	Bereich
Kanal 60	WEDEL-RADAR Tonne 113-125
Kanal 19	Tonne 125-129
Kanal 03	Tonne 129-Seemannshöft
Kanal 63	Seemannshöft-Vorhafen
Kanal 07	Parkhafen-Kuhwerder Vorhafen
Kanal 05	Kuhwdr. Vorhfn.-Norderelbbrücken
Kanal 80	Köhlbrand-Harburger Häfen

Neuenschleuse
53°33,2′N
9°40,2′O

Wassertiefe in Metern bei mittlerem Niedrigwasser
Watt, höher als mittleres Niedrigwasser
Außendeich
Binnendeich — Marsch
Geest
Bebauung

KARTE 8 - LÜHE BIS KÖHLBRAND

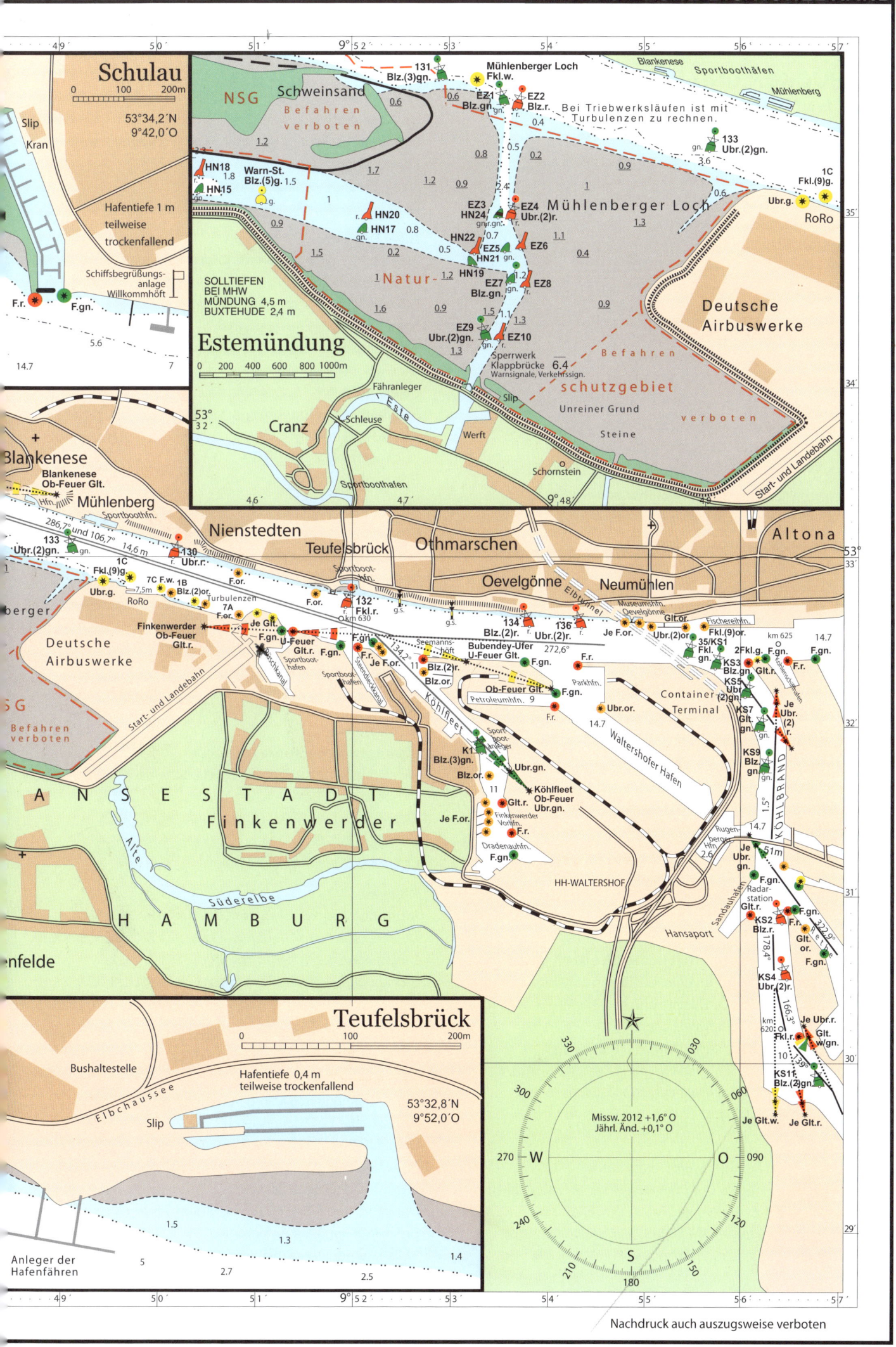

BRÜCKEN UND SPERRWERKE IN DEN NEBENGEWÄSSERN

Oste
Sturmflut-Sperrwerk bei **Neuhaus**
besetzt 1.4. - 30.9. ⇢ 10 -17 Uhr, Sa/So bis 18 Uhr
Durchfahrtsbreite 22,0 m -höhe bei mittl. HW 5,75 m
Sperrwerk Klappbrücke
UKW-Kanal 69 (Tel. 04753/844910)
Straßenklappbrücke Geversdorf (Tel.: 04752/7121)
öffnet 1.4. - 30.9 regulär +00h und +30h
zwischen 07:30 Uhr und 19:30 Uhr
Straßenklappbrücke bei **Oberndorf**
Durchfahrtshöhe bei MTHW in der Mitte 3,80 m
an den Seiten 2,80 m. Bei MTNW in der Mitte 6,20 m; an den
Seiten 5,20 m, Durchfahrtsbreite: 22,0 m
Brückenöffnung zur vollen und halben Stunde auf
Anforderung* (UKW-Kanal 69 / Tel.: 04772/861011)
Eisenbahnklappbrücke bei **Hechthausen**
Durchfahrtshöhe bei MTHW 5,0 m
Straßenklappbrücke bei **Hechthausen**
Durchfahrtshöhe bei MTHW 4,90 m
Straßenbrücke bei **Osten**
Durchfahrtshöhe bei MTHW 4,86 m

Freiburger Hafenpriel
Sturmflut-Sperrwerk: Durchfahrtsbreite 8,0 m
Fußgängerrollbrücke: Durchfahrtshöhe bei MTHW 1,50 m
generell geöffnet

Wischhafener Süderelbe
Sturmflut-Sperrwerk in der Mündung
Durchfahrtsbreite: 20,0 m
Klappbrücke über das Sturmflut-Sperrwerk
Durchfahrtshöhe: bei MTHW 6,0 m
Brückenöffnung auf Anforderung*

Bützflether Süderelbe (Abbenfleth)
Sturmflut-Sperrwerk Durchfahrtsbreite 13,5 m

Schwinge
Sturmflut-Sperrwerk Durchfahrtshöhe bei MTHW 6,3 m,
Durchfahrtsbreite 16,0 m, Brückenöffnung auf Anforderung*,
Eisenbahnklappbrücke Durchf.höhe bei MTHW 4,4 m Durchf.
breite 22,0 m (normalerweise geöffnet)
Straßenbrücke, Durchfahrtshöhe 6,3 m bei MTHW
(Tel.: 04141/2317)
Öffnung auf Anforderung während der Betriebszeiten
von 06.00 bis 22.00 Uhr*

Lühe
Äußeres Sturmflut-Sperrwerk Durchf.breite 10,0 m
Sperrwerk-Rollbrücke Durchfahrtshöhe bei MTHW 6,20 Brückenöffnung auf Anforderung* (Tel.: 0170/4920272)
Feste Brücken kreuzen die Lühe zwischen Grünendeich und
Horneburg mit Durchfahrtshöhe bei MTHW von 3,8 - 1 m

Este
Äußeres Sturmflut-Sperrwerk 15.4. - 30.9. täglich 3 Std. vor
bis 3 Std. nach Hochwassser.Öffnung während der Betriebszeit auf Anforderung (Signal: 2 x lang), außerhalb nach vorheriger Anmeldung unter Tel.: 040/7452240
Durchf.breite 40 m, Durchf.höhe bei MTHW 6,7 m
Klappbrücke, Brückenöffnung auf Anforderung* UKW-Kanal 10

Altes Sperrwerk
Inneres Sturmflut-Sperrwerk, Durchf.breite 13,5 m
Fußgänger-Rollbrücke, Durchfahrtshöhe bei MTHW 4,7 m
Brückenöffnung nach vorheriger tel. Anforderung
beim Sperrwerk Estemündung
Straßenbrücke Hove: Drehbrücke
Durchf.höhe bei MTHW 4,2 m
Brückenöffnung – Anmeldung Tel.: 04162/7383
Straßenbrücke Estebrügge: Drehbrücke
Kanal 10 Estebridge
Durchfahrtshöhe bei MTHW 2,0 m
Brückenöffnung auf Anforderung*

Stör
Sturmflut-Sperrwerk in der Mündung der Stör
Tel. 04124/97026 UKW-Kanal 9
Sperrwerk-Klappbrücke: Durchf.breite 21 m
Durchf.höhe bei MTHW 7,00 m
Brückenöffnung auf Anforderung*
Straßenklappbrücke bei Heiligenstedten
Durchf.breite 16 m, -höhe bei MTHW 3,0
Brückenöffnung auf Anforderung*
Brücke der Umgehungsstraße Itzehoe (feste Brücke)
Durchf.höhe 18,5 m
Eisenbahnklappbrücke in Itzehoe
Mittelöffnung (feste Brücke) Durchf.höhe bei MTHW 3,8 m
Durchf.breite 25 m
Klappöffnung Südseite: Durchf.höhe bei MTHW 3,1 m
Durchf.breite 20 m
Brückenöffnung auf Anforderung*

Krückau
Sturmflut-Sperrwerk in der Mündung der Krückau
Durchf.breite 20 m Drehbrücke über das Krückau-Sperrwerk
Durchf.höhe bei MTHW 7 m
Brückenöffnung auf Anforderung* (Tel.: 04128/418)

Pinnau
Sturmflut-Sperrwerk in der Mündung
Durchf.breite 20 m Drehbrücke über das Sperrwerk
Durchf.höhe bei MTHW 7 m
Brückenöffnung auf Anforderung* (Tel.: 04129/413)
Drehbrücke bei Klevendeich
Durchf.höhe bei MTHW 4,5 m, -breite 9,5 m
Brückenöffnung auf Anforderung* (Tel.: 04122/81172)
Klappbrücke bei Uetersen
Durchf.höhe bei MTHW 2,5 m, -breite 9,5 m
Brückenöffnung auf Anforderung*

* Öffnung erfolgt nur, wenn nach Sachlage möglich

KÖHLBRAND BIS WARWISCH

KARTE 9

HÄFEN UND LIEGEPLÄTZE FÜR DIE SPORTSCHIFFFAHRT

Museumshafen Oevelgönne:
Für historische Segelschiffe

City Sporthafen: Östlich der Überseebrücke. Liegen an Schlengeln mit Auslegern, z. T. unruhig wegen des Hafenverkehrs. Dusche/WC. W-LAN
Tel./Fax: 040/36 42 97, Handy: 0170/8 05 20 04.
Tägl. 08.00 bis 12.00 Uhr und 14.00 bis 18.00 Uhr.
10 Min. Fußweg zum Stadtzentrum.

Tatenberg in der Dove-Elbe: gut ausgebauter Yachthafen mit 173 Liegeplätzen, alle Versorgungsmöglichkeiten vorhanden.

Oortkaten: Wassertiefe 3,5 m. 60 Liegeplätze vorhanden. Strom + Wasser an den Stegen. Kiosk 150 m, Gaststätte 600 m, Lebensmittel 1000 m.

Harburger Yachthäfen:
An der S-Seite der Süderelbe unterhalb der Elbbrücken. 2,3 m Wassertiefe. Alle Versorgungseinrichtungen und W-LAN vorhanden.
Telefon: 040/32 90 86 30
Oberhalb der Elbbrücken Sportboothafen
Durchfahrthöhe Elbbrücken min. 4,7 m

Sportboothäfen am Diamantgraben: Sanitäre Einrichtungen vorhanden. km 614,85: Naturhafen

Sportboothafen Holstenkaten km 613,62: 1 Std. vor bzw. nach HW anzulaufen. Telefon: 040/7 60 75 13

Allerheiligen Sand: Sportboothafen mit sanitären Einrichtungen. Einkaufsmöglichkeiten nur in Harburg.

Bullenhausen: Sportboothafen

Hinter Pagensand, Ölbild von Jochen Peschke

Der Verkehrskanal HAMBURG PORT RADIO ist UKW-Kanal 74.
Zwischen km 622 und 620,5 ist der Verkehr von Wasserflugzeugen zu beachten.

KARTE 9 - KÖHLBRAND BIS WARWISCH

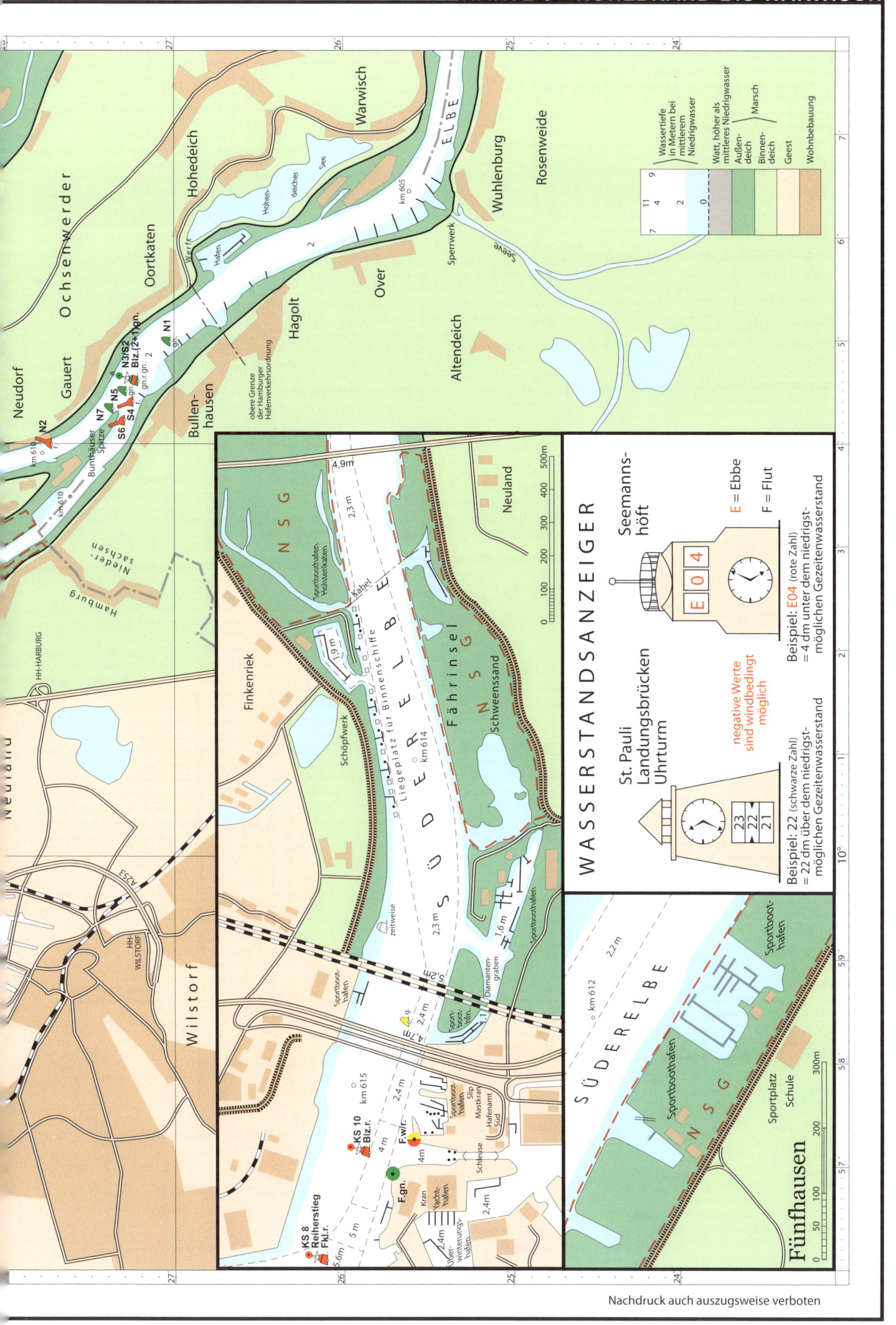

Nachdruck auch auszugsweise verboten

PEGEL FÜR DEN TIDENBEREICH DER OBERELBE

Im Tidenbereich der Oberelbe zwischen Geesthacht und Over sind folgende Pegel aufgestellt:

1. Schifffahrtspegel
An den Pegellatten ist in Metern und Dezimetern ablesbar, wie hoch der Wasserstand zur Zeit des Passierens über (schwarze Zahlen, rote Felder) oder unter (rote Zahlen, schwarze Felder) dem Kartennull (KN = Nullpunkt der Pegelskala) liegt.
Die Standorte dieser Schifffahrtspegel sind:
a) Unterer Schleusenkanal rechtes Ufer
b) Elbe-km 594,7 linkes Ufer
c) Elbe-km 602,0 linkes Ufer

2. Weiße Tafeln mit schwarzem Rand und roter Zahl
Auf diesen Tafeln wird die kleinste Peiltiefe mit 2 Ziffern angezeigt, die in der Fahrrinne zwischen Geesthacht und Fliegenberg in Dezimetern festgestellt wurde (bezogen auf KN)

Die Standorte dieser Tafeln sind:
a) Schleuse Geesthacht über dem Steuerstand am Unterhaupt
b) Pegelhaus Over, Elbe-km 605,3 linkes Ufer

Die Ermittlung der Wassertiefein der Fahrrinne ist für tiefergehende Fahrzeuge besonders bei geringer Wasserführung der Oberelbe (Wasserstand am Pegel Hohnstorf unter 530 cm) von Bedeutung. Unterhalb der genannten Strecke sollte bei außergewöhnlichem Niedrigwasser das Fahrverhalten den ungünstigeren Wassertiefen in den Fahrrinnen angepasst werden.

Erläuterung und Beispiel:
Beispiel: 1. bei Flut
Der Talfahrer liest in der Schleuse Geesthacht auf der Anzeigentafel z.B. als geringste Peiltiefe die „21" ab oder hört im Rundfunk die Durchsage „Peiltiefe im Tidenbereich Geesthacht-Fliegenberg - 21 Dezimeter" oder findet im Internet Information über www.elwis.de. Am nächsten Schifffahrtspegel liest er die augenblickliche Lage des Wasserspiegels zu 6 dm über Kartennull ab. Beide Werte ergeben zusammen die kleinste Wassertiefe in der Fahrrinne im Zeitpunkt der Ablesung für die Strecke bis zum nächsten Schifffahrtspegel.
Der Bergfahrer ermittelt die Wassertiefe entsprechend durch Ablesung der am Pegelhaus Over angezeigten Peiltiefe und der Lage des Wasserspiegels am jeweiligen nächsten Schifffahrtspegel.

2. Bei Ebbe
Der Talfahrer verfährt wie bei Flut, muss aber berücksichtigen, dass während seiner Fahrzeit bis zum nächsten Schifffahrtspegel der Wasserspiegel bis zu 3 dm je nach Geschwindigkeit absinkt. (Je langsamer die Fahrt desto größer die Abnahme).
Der Bergfahrer verfährt wie bei Flut; bei zügiger Fahrt erreicht er den nächsten Schifffahrtspegel, ohne dass während der Fahrtzeit der Wasserspiegel am nächsten Schifffahrtspegel nennenswert gefallen ist.

Hinweis: Zum Winter ist mit Einzug der Schifffahrtspegel zu rechnen.

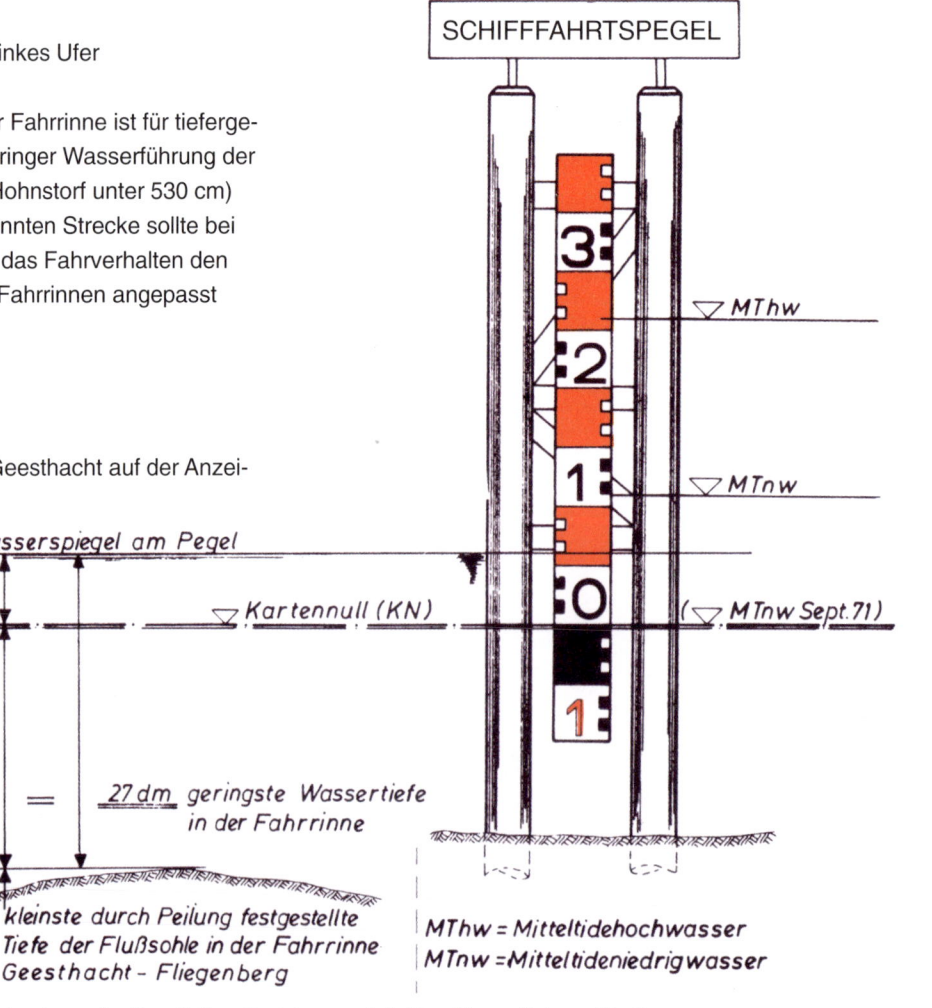

Bei Wasserstandsanzeige Pegellatte = 0 stehen noch 1,40 m Wassertiefe zur Verfügung.

WARWISCH BIS LAUENBURG

KARTE 10

HÄFEN UND LIEGEPLÄTZE FÜR DIE SPORTSCHIFFFAHRT

Fliegenberg: Sportboothafen

Hoopte: Hafen

Stover Sand km 589: Flache Hafeneinfahrt, Campingplatz Stove, Sportboothafen.

Tespe: Sportboot-Liegeplätze. Tel.: 04176/912676
0151/42421086

Artlenburg: Naturhafen Artlenburger Brack, WC und Dusche vorhanden, Slip, Tankstelle 200 m, Alle Versorgungsmöglichkeiten im Ort.
Tel.: 04131/52007

Zollenspieker: Strom, Wasser, Duschen/WC. Gute Stadtanbindung.

Geesthacht: Kurz hinter dem Schleusenkanal Liegeplätze in der Mitte des Hafens, WC.

Schleuse Geesthacht km 585,86
Funkkanal 22
Tel.: 04152/84691-40

Tesperhude: Hafen mit einigen Liegeplätzen

Lauenburg: Schutz- und Sicherheitshafen mit Liegemöglichkeiten bei zwei Wassersportvereinen. Sportboothafen direkt hinter der Brücke im Arm zum ELK. Sanitäre Anlagen und Duschen, Strom, Slipanlage. Nächste Tankstelle ca. 500 m. Alle Versorgungsmöglichkeiten im Ort.
Tel.: 0171/8112185

Anschluß: Seite 20

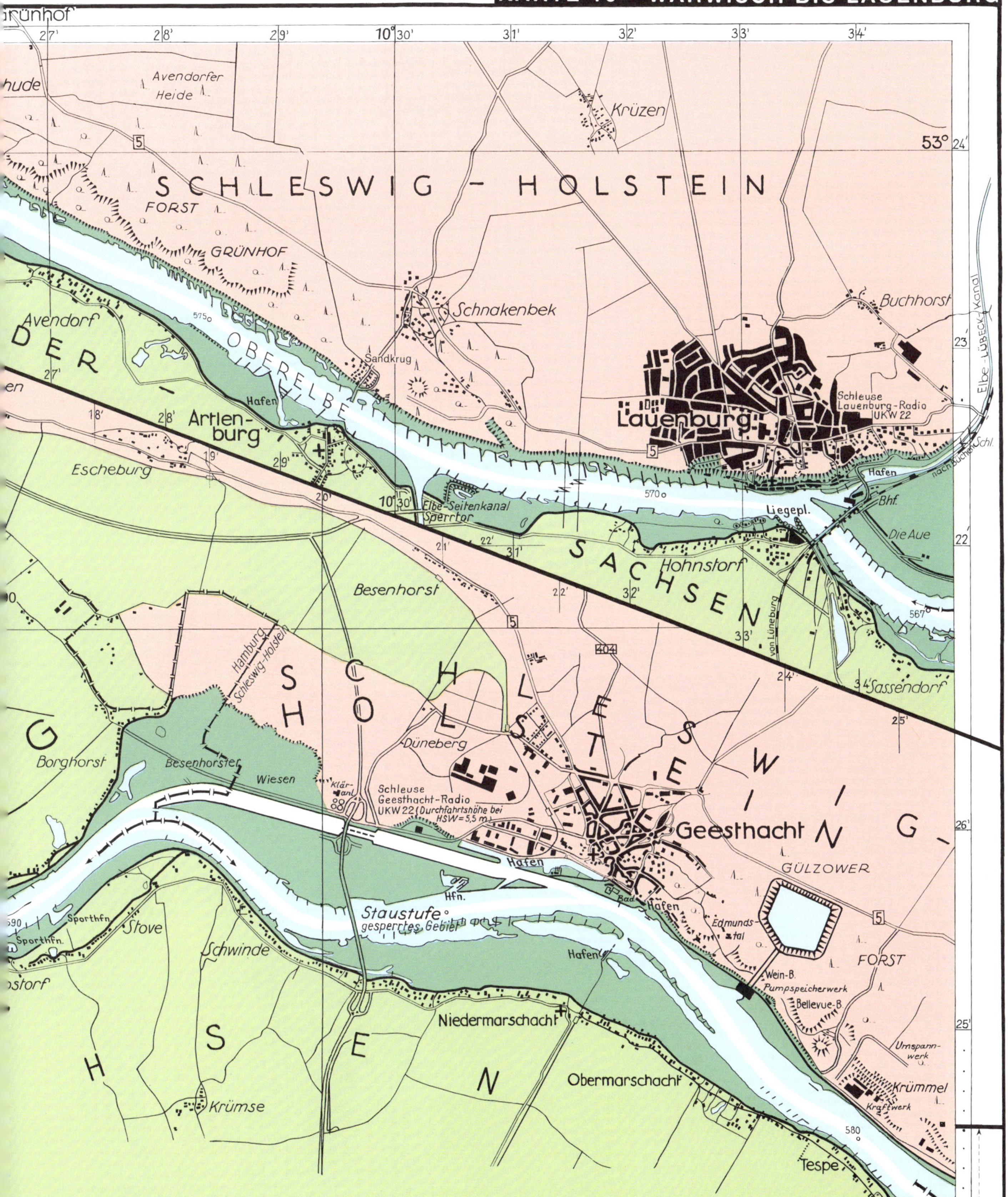

KARTE 10 – WARWISCH BIS LAUENBURG

Schleusungen auf der Ilmenau sind innerhalb der festgesetzten Schleusenbetriebszeiten gebührenfrei, außerhalb der festgesetzten Schleusenbetriebszeit gebührenpflichtig. Jede Schleusung muss telefonisch vorbestellt werden unter Tel. 04133/7126 (Wittorf), Tel. 04131/12207 (Bardowick) bzw. Tel. 04179/325 (Fahrenholz).

1. **Elbe, Schleuse Geesthacht**
   a) Täglich von 5.00 bis 22.00 Uhr.
   b) Am 24. und 31. Dezember von 5.00 bis 16.00 Uhr; am 25. und 26. Dezember und am 1. Januar von 8.00 bis 16.00 Uhr.
2. **Ilmenau, Schleusen und Brücken Wittorf und Bardowick und Fahrenholz**
   01.04 bis 31.10. täglich 8.00 - 16.00 Uhr
   01.11. bis 31.03. geschlossen
   Von den festgesetzten Betriebszeiten kann aus Gründen des Verkehrsbedarfs oder wegen betrieblicher Erfordernisse vorübergehend abgewichen werden. Diese Änderungen werden öffentlich bekanntgemacht. Schleusungen außerhalb der Betriebszeiten müssen nach § 6.29 Nr. 9 Binnenschifffahrtsstraßen-Ordnung angemeldet werden.

Die Tiefenangaben der Elbe auf diesem Kartenblatt sind unterblieben

Nachdruck auch auszugsweise verboten

BEZEICHNUNG DER FAHRRINNE FÜR DIE RADARSCHIFFFAHRT AUF DER OBERELBE

Zwischen Geesthacht und Oortkaten ist jeder Bake, die einen Übergang der Fahrrinne bezeichnet, ein Doppelradarziel am Rande des Fahrwassers zugeordnet. Dieses Radarziel wird durch eine rot/weiß bzw. grün/weiß waagerecht gestreifte Spierentonne und durch eine gelbe Tonne mit Radarreflektor dargestellt.

Aus radartechnischen und navigatorischen Gründen sind die Tonnen der Radarziele jeweils gegen den Anfang bzw. das Ende des ufernah verlaufenden Randes der Fahrrinne verzogen.

Der nach Radarbild gefahrene Kurs deckt sich mit dem nach den gelben Baken gefahrenen dann, wenn jeweils noch vor Erreichen der uferseitig vorausliegenden Radartonne die Fahrtrichtung so geändert wird, dass beim Eindrehen in die ufernahe Fahrrinne die Radartonne achteraus liegt. Dies gilt für Berg- und Talfahrt gleichermaßen.

Für die Radarfahrt zwischen Lauenburg und Artlenburg ist den, mit Baken gekennzeichneten, Übergängen der Fahrrinne ein Doppelradarziel am Rande des Fahrwassers zugeordnet. Dieses Radarziel wird durch eine rot/weiß oder grün/weiß waagerecht gestreifte Spierentonne und durch eine gelbe Tonne mit Radarreflektor dargestellt, die im Winter durch Schwimmstangen (Bober) mit Radarreflektoren ersetzt wird.

BEISPIEL:

(1) **Im Staubereich Geesthacht:**
Bezeichnung der **Übergänge** der Fahrrinne zwischen Lauenburg und Artlenburg
durch **zweifache** Radarziele
(hier als Anfang bzw. Ende der Fahrrinne anzusprechen)

(2) Bezeichnung des **Fahrwassers** zwischen Artlenburg und Geesthacht durch **Tormarkierung**
(hier ist die Fahrwassertiefe in der Gesamtbreite ausreichend, rot-weiß und grün-weiß waagerecht gestreifte Spierentonnen)
Zeichenerklärung:

+ ×   Übergangsbaken (gelbe Kreuze)

❋   Doppel-Radarziel ca. 35 m Zwischenraum

•   einfaches Radarziel

— · —   Fahrrinne

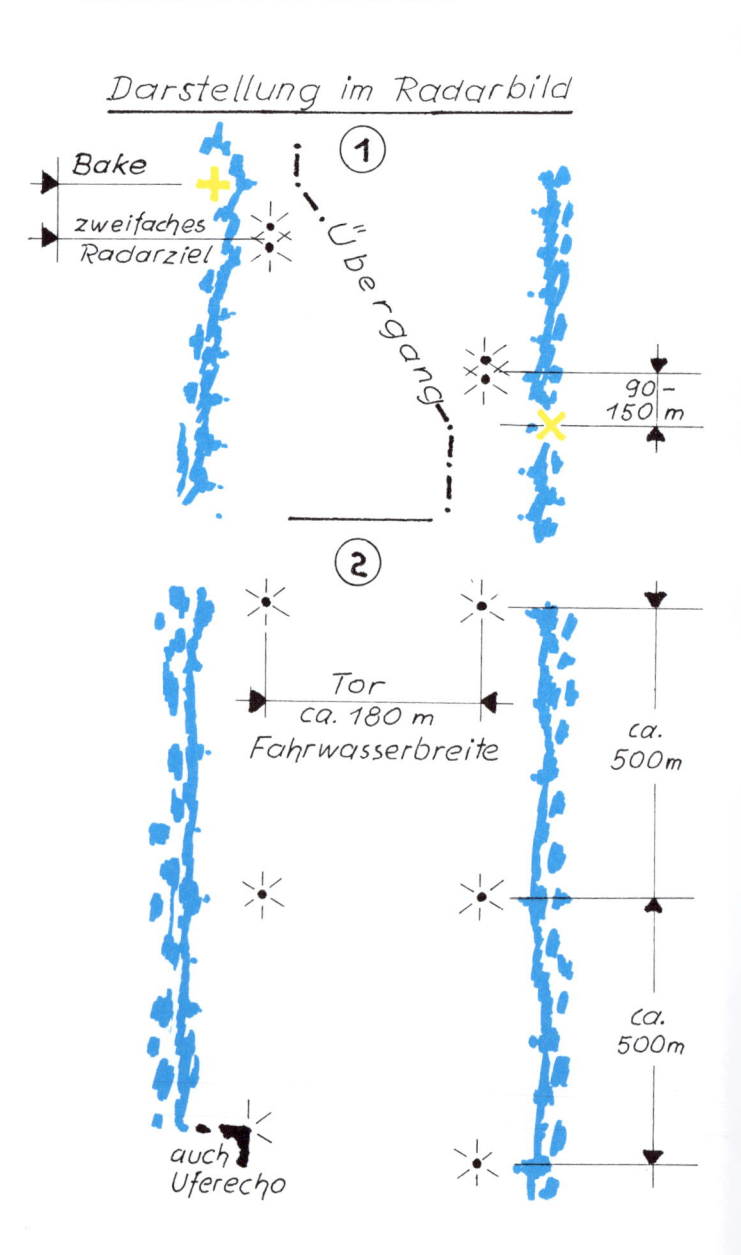

SASSENDORF BIS SCHNACKENBURG

KARTE 11

HÄFEN UND LIEGEPLÄTZE FÜR DIE SPORTSCHIFFFAHRT

Boizenburg: Liegemöglichkeiten in der Boize, Abzweigung nach Boizenburg, ganz am Ende des Hafens gegenüber der weißen Flotte. Das südl. Hafenende ist derzeit zum Anlegen für Sportboote als Gastlieger freigegeben. (max. 10 m Schiffslänge).
Sanitäre Anlagen auf dem Deich im Rotklinkergebäude. Geplant ist ein Sportboothafen am Hafenausgang am nördl. Ufer. Versorgungsmöglichkeiten im Ort.

Stiepelse: Liegemöglichkeit bei km 545. Clubhaus hinter dem Deich. Keine Versorgungsmöglichkeiten.

Dömitz: Bootsanleger kurz vor der Schleuse zur Elde-Müritz-Wasserstraße. WC, Slip bis 8 m. Versorgung im Ort. Tankstelle am Ortsausgang (ca. 2,5 km).
Telefon: 0387/58364290

Schleuse Müritz-Elde-Wasserstraße in Dömitz
Tel. 0387/5822725
09:00 Uhr - 20:00 Uhr

Gorleber Haken: Hafen des WSA Magdeburg und Zufahrt zum Sportboothafen. Telefon: 05882/233

Lenzen: Schutzhafen zum Ankern (Einfahrt direkt hinter der Fähre). Ort ca. 2 km. Sportboothafen mit sanitären Anlagen und Versorgung zeitweise geöffnet.

Bleckede: Sportboothafen mit Wasser, Slip. Tankstelle und Versorgungsmöglichkeiten im Ort.

Alt Garge: Schöner Naturhafen im Nebenarm der Elbe. Wasser, Strom, Slip. Tanken und Versorgung im Ort (1,5 km). Telefon 0171/644 90 21

Neu Darchau/Katemin: Sportbootanlage mit sanitären Anlagen, Wasser, Strom, Versorgungsmöglichkeiten im Ort. Telefon: 05853/1356
Hafenmeister 0162/8086 434

Tießau: Schutzhafen. Keine Einrichtungen für Sportboote.

Hitzacker: Sportboothafen mit allen notwendigen Einrichtungen. Sämtliche Versorgungseinrichtungen und Tankstelle im Ort. Telefon: 05862/97550 oder 1666

Damnatz: Sportboothafen für kleine Boote. Slip. Keine Versorgungsmöglichkeiten.

Schnackenburg: Sportboothafen im hinteren Teil des Hafens. Versorgungsmöglichkeiten im Ort.
Telefon: 05846/2265

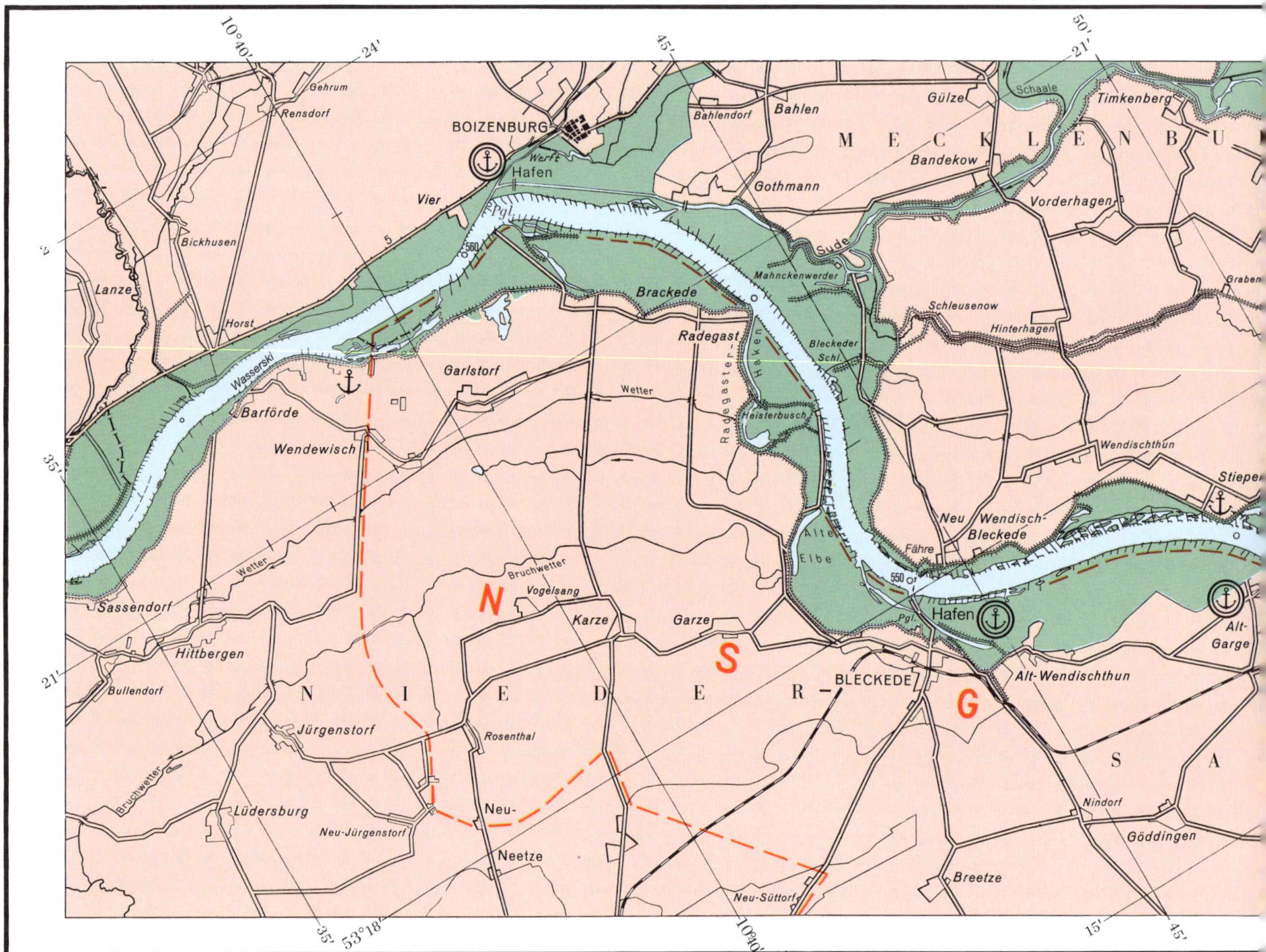

Gehrum
Rensdorf
BOIZENBURG
Werft
Hafen
Vier
Pgl.
Bickhusen
Lanze
Horst
Wasserski
Barförde
Wendewisch
Garlstorf
Wetter
Sassendorf
Hittbergen
Bullendorf
Bruchwetter
Jürgenstorf
Lüdersburg
Neu-Jürgenstorf
N
I
E
D
E
R
S
A
Bahlendorf
Bahlen
Gülze
Schaale
Timkenberg
M
E
C
K
L
E
N
B
U
Bandekow
Gothmann
Vorderhagen
Sude
Mahnckenwerder
Brackede
Radegast
Haken
Radegaster
Schleusenow
Hinterhagen
Graben
Bleckeder Schl.
Heisterbusch
Wendischthun
Stiepel
Neu Wendisch-Bleckede
Fähre
Alte Elbe
Hafen
Alt-Garge
Bruchwetter
Vogelsang
Karze
Garze
BLECKEDE
G
Alt-Wendischthun
Rosenthal
Neu-Neetze
Neu-Süttorf
Nindorf
Göddingen
Breetze
10°40'
45'
50'
24'
21'
35'
53°18'
15'

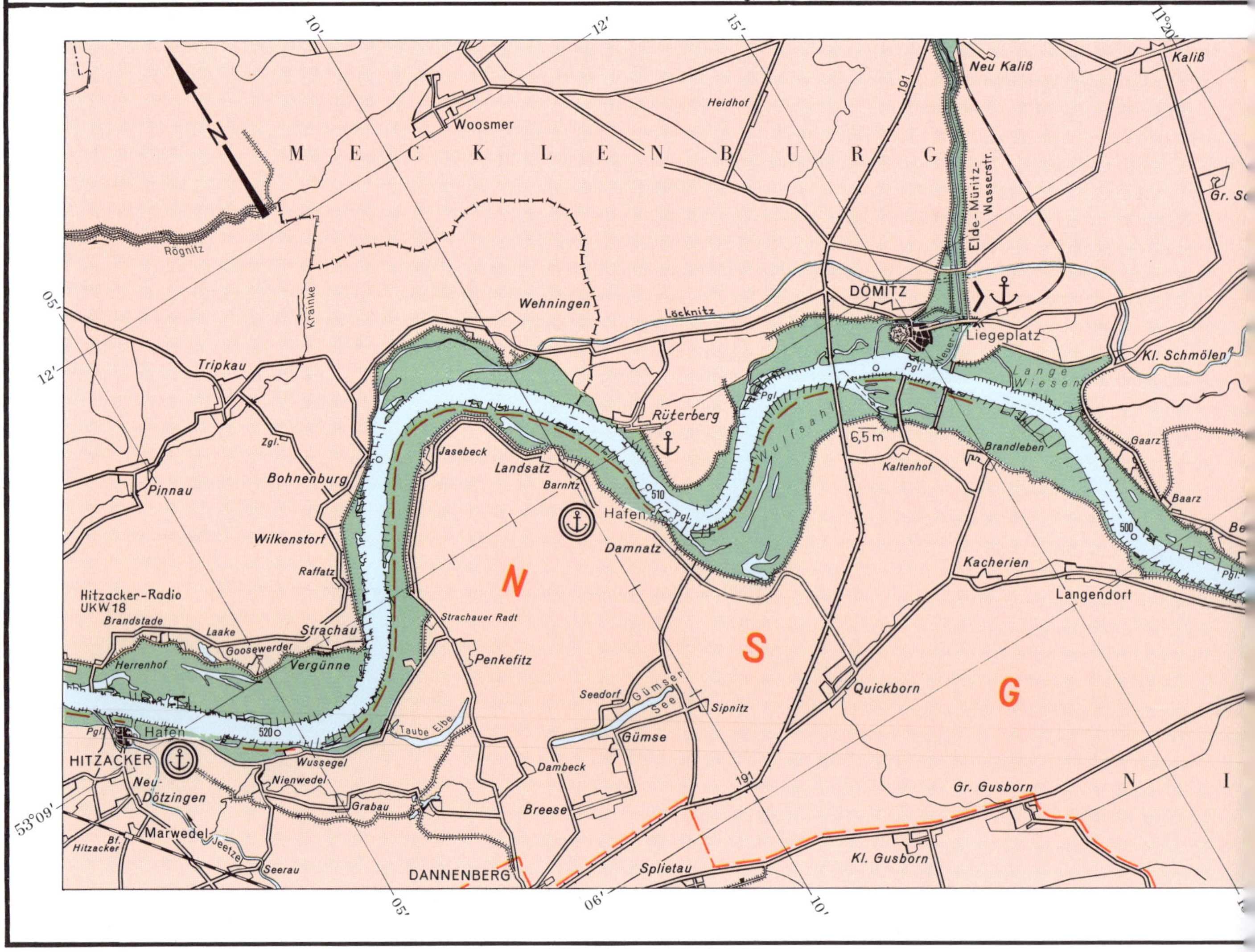

N
Woosmer
Heidhof
M
E
C
K
L
E
N
B
U
R
G
Rögnitz
Krainke
Wehningen
Löcknitz
DÖMITZ
Elde-Müritz-Wasserstr.
Neu Kaliß
Kaliß
Gr. Sc
Liegeplatz
Kl. Schmölen
Lange Wiesen
Tripkau
Zgl.
Pinnau
Bohnenburg
Wilkenstorf
Raffatz
Hitzacker-Radio
UKW 18
Brandstade
Laake
Strachau
Goosewerder
Herrenhof
Vergünne
Jasebeck
Landsatz
Barnitz
Hafen
Damnatz
Rüterberg
Wulfsahl
6,5 m
Kaltenhof
Brandleben
Garz
Baarz
Kacherien
Langendorf
Strachauer Radt
Penkefitz
N
S
G
Quickborn
Seedorf
Gümser See
Sipnitz
Gümse
Taube Elbe
Dambeck
Breese
Pgl.
Hafen
HITZACKER
Neu-Dötzingen
Wussegel
Nienwedel
Grabau
Marwedel
Jeetze
Bf. Hitzacker
Seerau
DANNENBERG
Splietau
Kl. Gusborn
Gr. Gusborn
N
I
191
10'
12'
15'
11°20'
05'
53°09'
06'

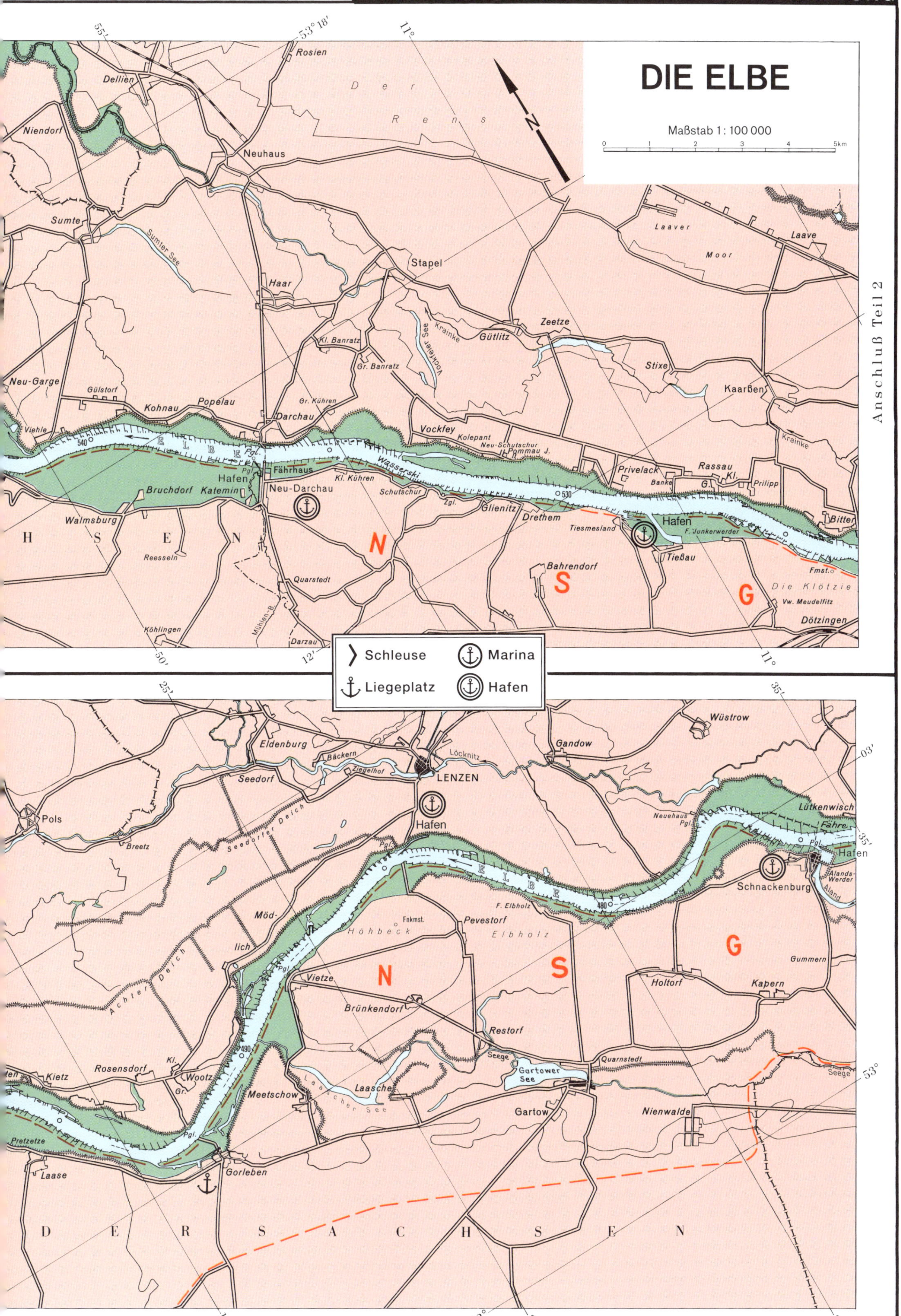

KARTE 11 – SASSENDORF BIS SCHNACKENBURG

DIE ELBE

Maßstab 1 : 100 000

Leuchtturm Sylt, Aquarell von Jochen Peschke

KARTE 12
SCHNACKENBURG BIS TANGERMÜNDE

HÄFEN UND LIEGEPLÄTZE FÜR DIE SPORTSCHIFFFAHRT

Cumlosen: Ankerbucht und kleine Steganlage.
Telefon: 038794/30622

Wittenberge: Sportboothafen einlaufend an Stb. Sanitäre Einrichtungen. Alle Versorgungsmöglichkeiten im Ort. Tankstelle. Telefon: 03877/75125 und 0151/ 120 130 29

Hinzdorf: Kleine Steganlage

Sandkrug: Kleine Steganlage

Gnevsdorfer Vorfluter: Wehre mit „Kahnschleusen" bei Gnevsdorf (Saison Juni - September) und Quitzöbel. Über die Schleuse Quitzöbel erreicht man die Untere-Havel-Mündungsstrecke.

Havelberg: Hinter der Schleuse Havelberg ruhige Liegeplätze an der Spülinsel im Winterhafen mitten in der Stadt. Sanitäre Anlagen, Wasser. Man macht mit Heckanker fest. Tankstelle in Richtung Sandau 2 km. Versorgungsmöglichkeiten im Ort. Diverse Möglichkeiten, für kurzfristiges Festmachen im Ort.
Telefon: 03938/780091- 039387/20655

Liegemöglichkeit im Altarm der Havel hinter der Schleuse; Strom, Wasser, Slip, Duschen
Tel.: 039383/410 63, 0172 9543 736

Arneburg: Steganlage für kleine und mittlere Boote.

Tangermünde: Gute Anlegemöglichkeiten bei der Wassersportgemeinschaft gegenüber dem Hafenspeicher. Sanitäre Anlagen im Klubhaus. Versorgungsmöglichkeiten im Ort. Tanken ca. 800 m.
Tangermünder WSV Telefon: 03932/22320

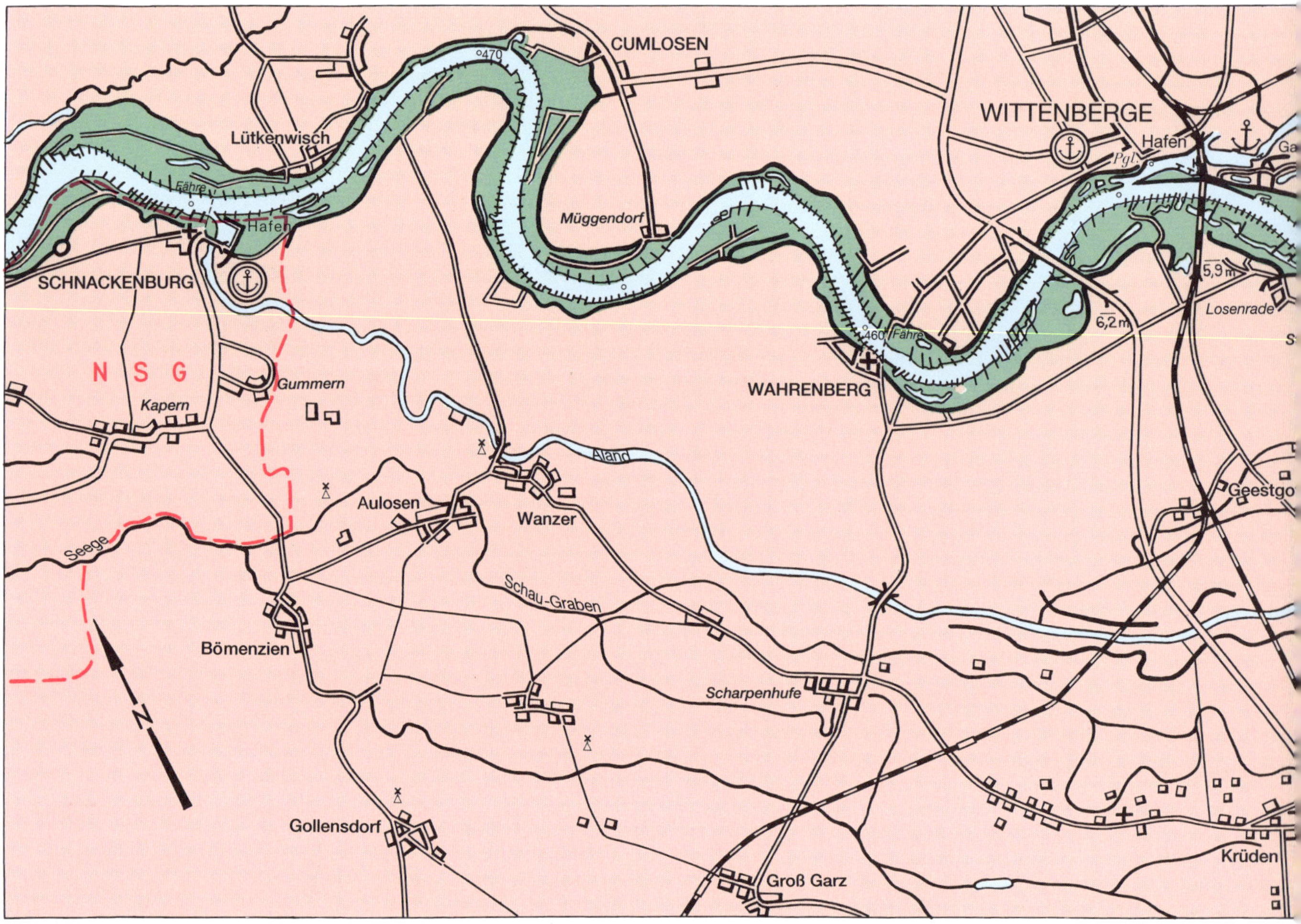
CUMLOSEN
WITTENBERGE
Hafen
Pgl
Lütkenwisch
470
Fähre
Hafen
SCHNACKENBURG
Müggendorf
5,9 m
Losenrade
6,2 m
460
Fähre
WAHRENBERG
N S G
Gummern
Kapern
Aland
Aulosen
Wanzer
Seege
Schau-Graben
Bömenzien
N
Scharpenhufe
Gollensdorf
Krüden
Groß Garz

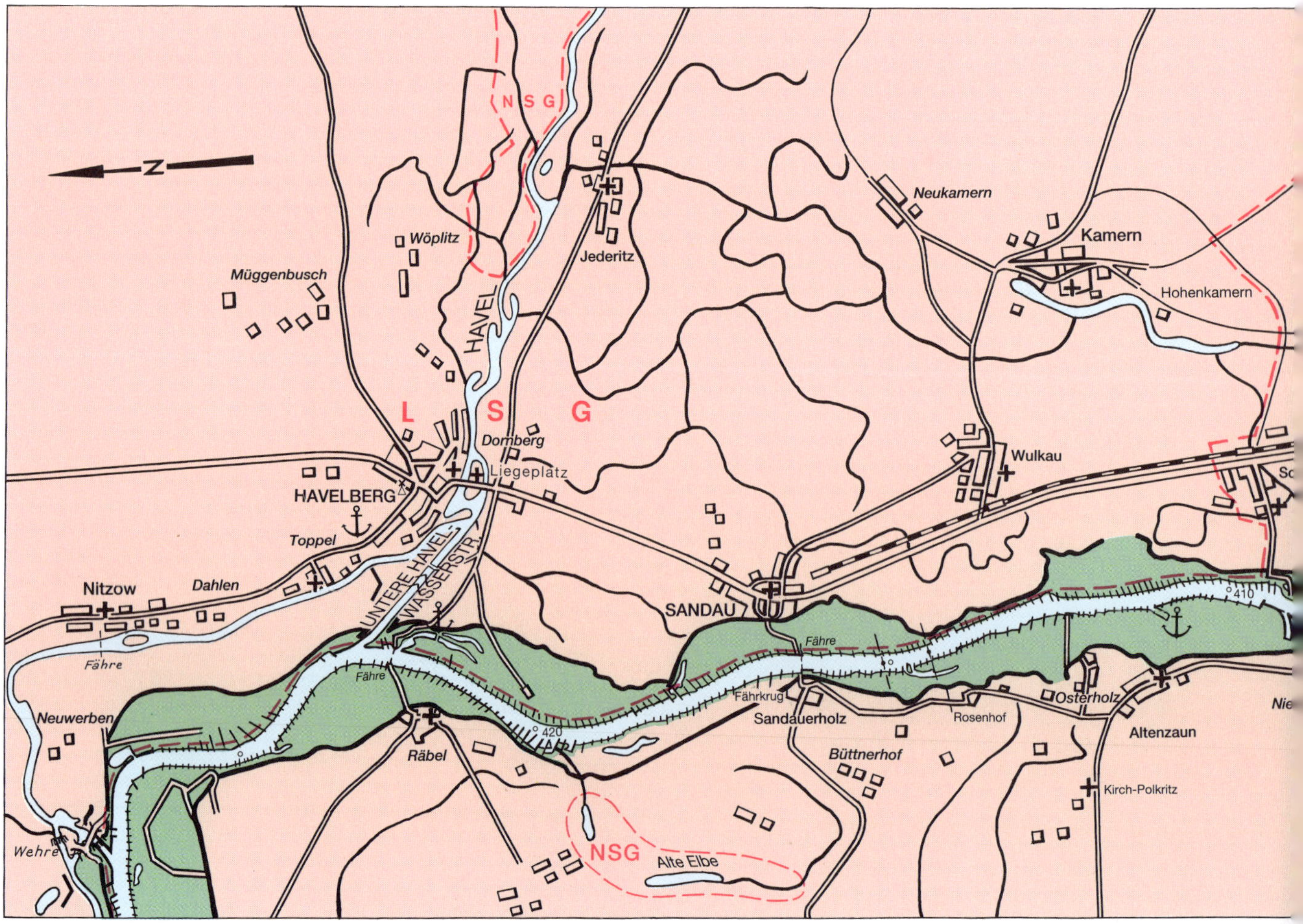
Z
N S G
Neukamern
Kamern
Hohenkamern
Wöplitz
Jederitz
Müggenbusch
HAVEL
L S G
Domberg
Liegeplatz
Wulkau
HAVELBERG
Toppel
Nitzow
Dahlen
UNTERE HAVEL-WASSERSTR.
SANDAU
410
Fähre
Fähre
Fähre
Neuwerben
Fährkrug
Sandauerholz
Rosenhof
Osterholz
Altenzaun
Büttnerhof
Kirch-Polkritz
Räbel
420
NSG
Alte Elbe
Wehre

KARTE 12 – SCHNACKENBURG BIS TANGERMÜNDE

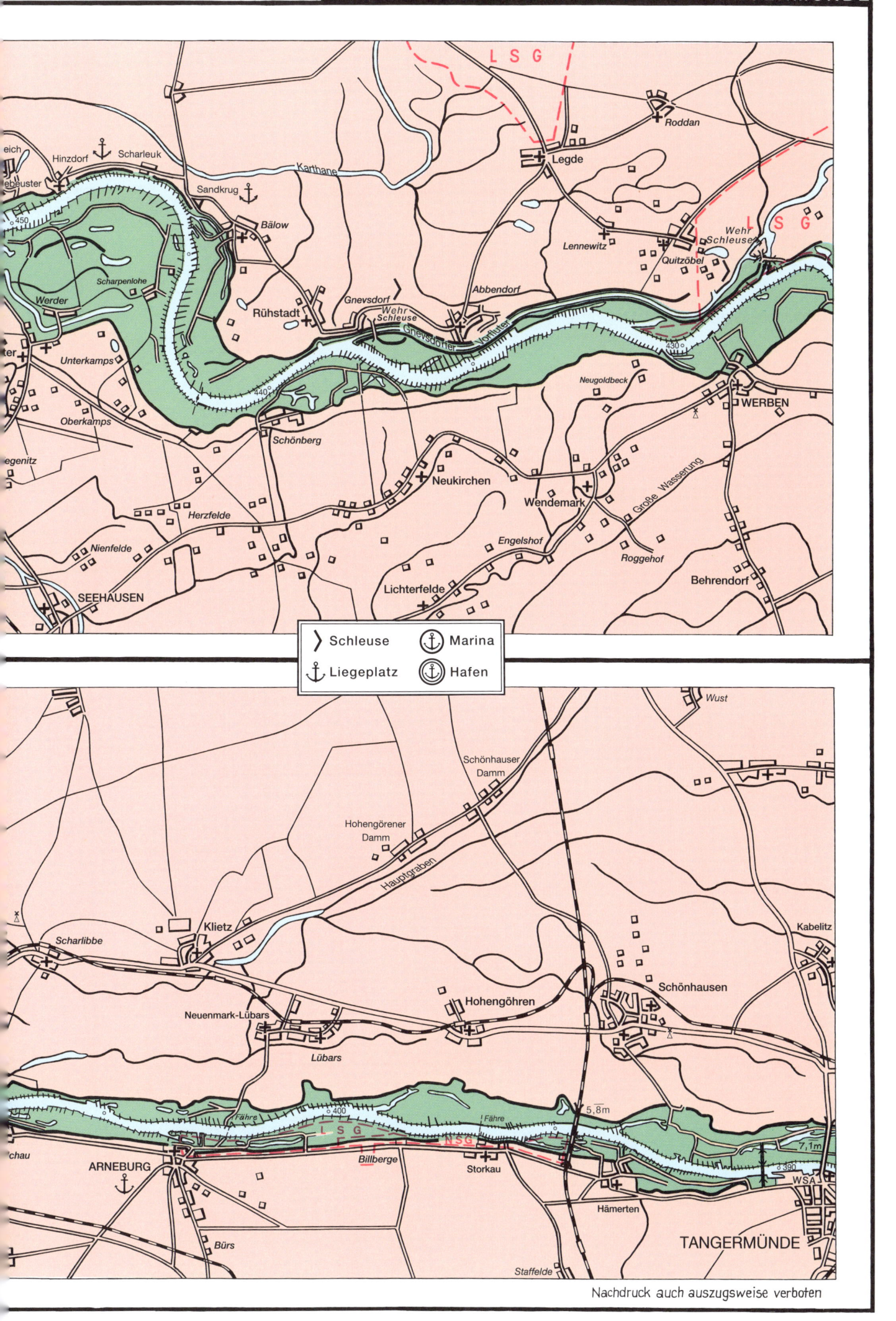

Nachdruck auch auszugsweise verboten

NAUTISCHER INFORMATIONSFUNK FÜR DIE OBERELBE + MITTELELBE

Informationen, die sich ausschließlich auf die Fahrt, Sichertheit von Schiffen oder auf den Schutz von Personen in dringenden Fällen beziehen, werden über die Zentralen Geesthacht regelmäßig zu folgenden Tageszeiten gesendet:

        09:15 h, 11:15 h, 13:15 h und 15:15 h

Nachrichten kommerzieller Art sind ausgeschlossen.

Ortsfeste Funkstellen auf der Elbe (ELK siehe S. 19)
mit Anschluss an die Revierzentrale Geesthacht

Funkstelle	UKW-Kanal	Reichweite
Hitzacker	18	480,8 - 561,4
Geesthacht Schleuse	22	534,0 - 610,5

mit Anschluss an die Revierzentrale Magdeburg

Rothensee Hebewerk	79	
Tangermünde	81	369,8 - 414,4
Wittenberge	82	412,2 - 481,0

NAUTISCHER INFORMATIONSFUNK AUF DEN KANÄLEN BERLIN

Ortsfeste Funkstellen (EHK) **mit Anschluss** an die Revierzentrale Magdeburg

Funkstelle	UKW Kanal	Reichweite
Niegripp Schleuse	22	326,0-347,0
Zerben Schleuse	20	338,6-359,6
Parey Schleuse	78	346,0-369,4
Wusterwitz Schleuse	18	368,6-382,0
Vorstadtschleuse Brandenburg UHW	20	36,0-66,8
Ketzin UHW	79	14,0-35,0
Charlottenburg Schleuse UHW	82	0,0-10,0

Schleusenfunkstellen **ohne Anschluss** an die Revierzentrale Magdeburg

Schleuse	Wasserstr.	Lage	UKW
Bahnitz	UHW	82,0	04
Rathenow	UHW	103,3	03
Grütz	UHW	117,0	02
Garz	UHW	131,4	01
Havelberg	UHW	147,1	21
Schönwalde	HVK	8,8	81

TANGERMÜNDE BIS SCHÖNEBECK
KARTE 13

HÄFEN UND LIEGEPLÄTZE FÜR DIE SPORTSCHIFFFAHRT

Sandfurth: Anlegemöglichkeiten an der Spundwand- und einem Schwimmsteg. Wassertiefe 1,50 m.

Rogätz: Liegeplätze neben der Fähre. Wasserversorgung im Bootshaus. Einkaufsmöglichkeiten im Ort.

Magdeburg:
Anlegemöglichkeiten zum Einkaufen im Handelshafen und im Zollhafen.
Im Winterhafen/Zollelbe ist eine Marina mit Gastliegeplätzen, Strom, Wasser, WC, Dusche, Müllentsorgung, Slip bis 10 t, Kran bis 3 t. Der Hafen liegt am Eingang der Elbinsel Rotehorn ca. 500 m vom Zentrum entfernt. Die Einfahrt in die Zollelbe liegt gegenüber der „Weißen Flotte" Petriförder. Der Magdeburger Elbepegel entspricht auch der Einfahrttiefe.
Service rund ums Boot sowie Schlepphilfe für die Stromschnelle Magdeburg: Fa. Hollenbach, Nordstr. 13, Telefon 0391/568390

Schiffshebewerk Rothensee: Tel.: 0391/244747-200

In der Alten Elbe befindet sich ein Wehr: Achtung keine Durchfahrt!
Vor dem Wehr gibt es verschiedene Sportbootvereine mit ihren Anlegern.

Magdeburg SO: Sportboothafen Fermersleben gut geschützt oberhalb des Stromes. Bootshäuser, Clubhaus mit sanitären Anlagen und Dusche, Wasser, Strom, Slip bis 5 t.
Telefon: 0391/40148 648

Schönebeck Frohse: Gastliegeplätze im Hafen der Sportgemeinschaft Lok Schönebeck e.V. mit WC, Dusche. Hafenkran bis 12 t. Versorgungsmöglichkeiten im Ort Frohse. Tel.: 0391/408 43 und 0171/996 1640

Schönebeck Sportbootanlagen: Steganlagen, Club- und Bootshäuser mit WC und Dusche, gute Einkaufsmöglichkeiten. Tankstelle ca. 4,5 km.

Derben: Ruhige Ankerplätze in Baggerelbe

Parey: Beginn des Pareyer Verbindungskanals, Schleuse. Nach 3 km Einmündung in den Elbe-Havel-Kanal.
Schleuse: Parey: Funkkanal 78
Tel.: 039349/945 98 51
Mo bis Sa: 06:00 Uhr - 20:00 Uhr
So: 07:00 Uhr - 19:00 Uhr

Niegripp: Keine Einrichtungen für Sportboote. Nach 2 km: Einfahrt zum Elbe-Havel-Kanal; Einkaufsmöglichkeiten und Wasserversorgung direkt an der Schleuse.
Schleuse Niegripp: Funkkanal 22
Tel.: 039222/2663
Mo bis Sa: 06:00 Uhr - 22:00 Uhr
So: 07:00 Uhr - 19:00 Uhr

Magdeburger Stromstrecke:
Bei Wasserständen unter 4 m am Pegel Magdeburg ist die Madgeburger Stromstrecke eine Fahrwasserenge. Der Verkehr wird dann durch Lichtsignale geregelt.
Dies gilt für Fahrzeuge unter 33 m Länge zwar nicht, aber es muß allen Entgegenkommenden die ungehinderte Vorbeifahrt gewährt werden.
Die Strömungsgeschwindigkeit nimmt hier stark zu!

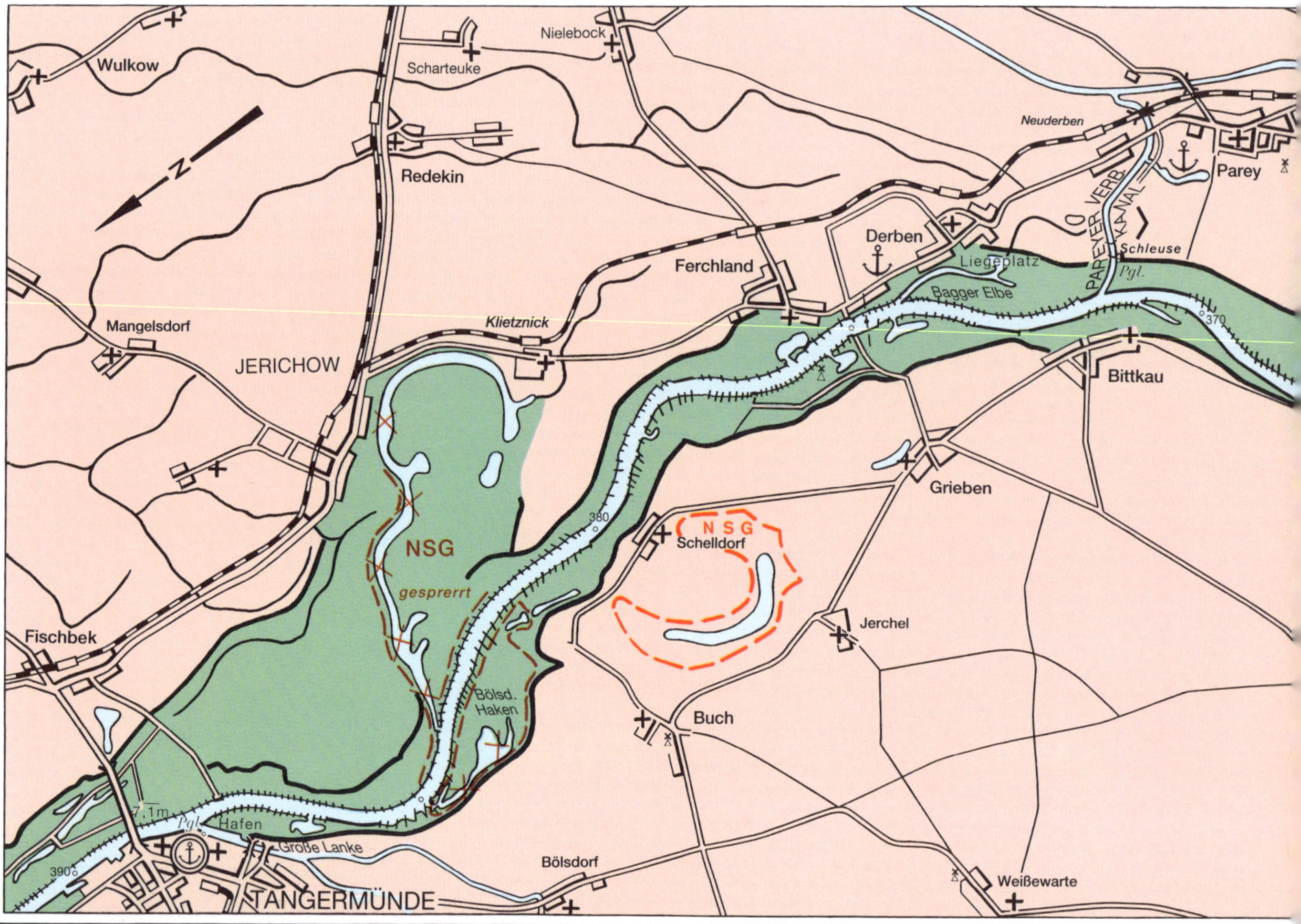
Wulkow
Nielebock
Scharteuke
Redekin
N
Neuderben
Parey
PAREYER VERB. KANAL
Schleuse
Derben
Liegeplatz
Ferchland
Bagger Elbe
Pgl.
370
Mangelsdorf
Klietznick
JERICHOW
Bittkau
Grieben
380
NSG
Schelldorf
gesperrt
Jerchel
Fischbek
Bölsd. Haken
Buch
7,1m
Pgl.
Hafen
Große Lanke
390
Bölsdorf
Weißewarte
TANGERMÜNDE

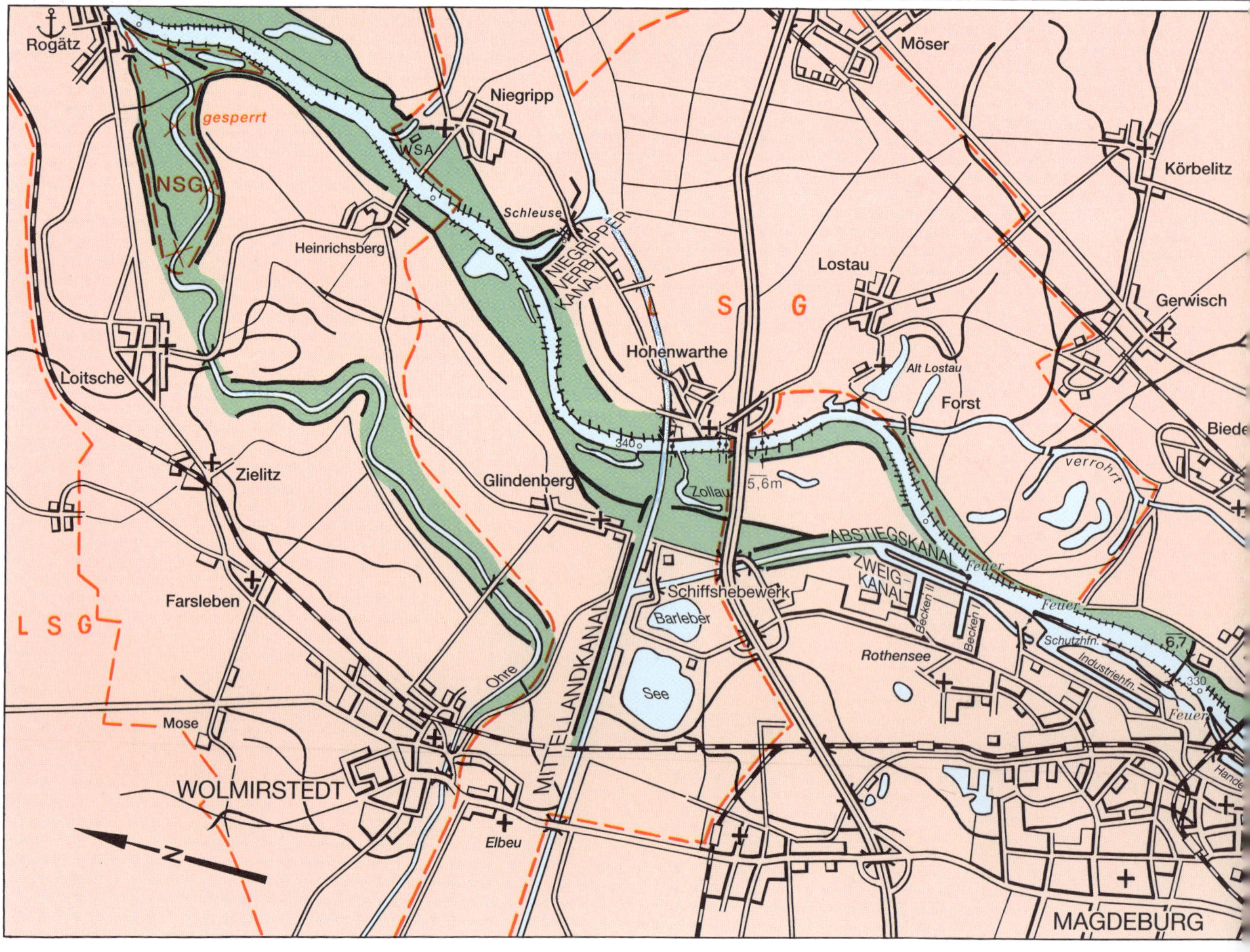
Rogätz
Möser
gesperrt
Niegripp
WSA
NSG
Körbelitz
Schleuse
Heinrichsberg
NIEGRIPPER VERB. KANAL
Lostau
L S G
Gerwisch
Loitsche
Hohenwarthe
Alt Lostau
Forst
340
Zielitz
Glindenberg
Zollau
5,6m
verrohrt
ABSTIEGSKANAL
Feuer
ZWEIG-KANAL
Schiffshebewerk
Farsleben
Barleber
Becken II
Becken I
L S G
Rothensee
Schutzhfn.
Industriehfn.
6,7
330
Feuer
Ohre
MITTELLANDKANAL
See
Mose
WOLMIRSTEDT
N
Elbeu
MAGDEBURG

KARTE 13 – TANGERMÜNDE BIS SCHÖNEBECK

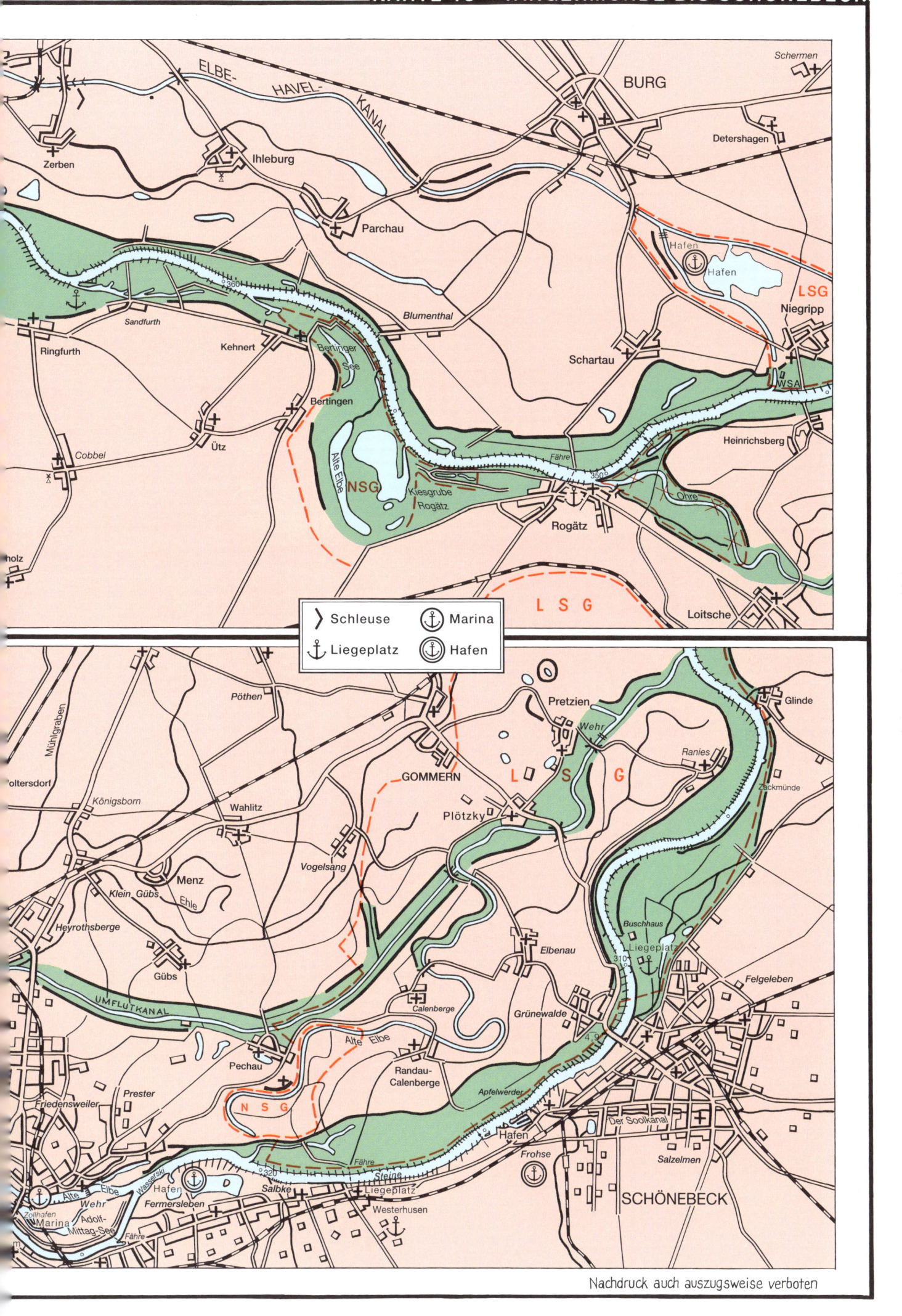

Nachdruck auch auszugsweise verboten

ÜBERSICHTSKARTE:

HÄFEN UND LIEGEPLÄTZE FÜR DIE SPORTSCHIFFFAHRT

Havelberg: s. Seite 71 zu Karte 12

Rathenow: Seesportanlage am Mühlendamm in der Rathenower Havel. Gute Einkaufsmöglichkeiten.

Milow: Sportboothafen. Sanitäre Anlagen. Einkaufsmöglichkeiten.

Premnitz: Sportboothafen. Keine sanitären Anlagen.

Plaue: Sportboothafen neben der Schiffswerft am Westufer und ca.300m weiter am Ostufer. Versorgungsmöglichkeiten im Ort.

Kirchmöser: Mehrere Sportbootanlegemöglichkeiten.

Quenzsee/Plauer Landstrasse: Anlegemöglichkeit mit Zugang zur Tankstelle.

Brandenburg: Stadtschleuse für Sportboote. Bootswerft Dieter Hohmann; Wiesenweg: Anlegestelle mit Wassertankstelle.

Ketzin: Sportboot-Anleger mit Sanitäranlagen und Dusche. Einkaufsmöglichkeiten im Ort.

Potsdam: Viele Anlegemöglichkeiten.

Genthin: Festmachen zwischen Werft und Anlegestelle der Fahrgastschiffe. Günstiges Einkaufen. Sportbootanleger am linken Ufer.

Burg: Sportboothafen. Gute Einkausmöglichkeiten.

Legende:
- (T) Tankstelle
- ⚓ Sportboothafen/-Anleger
- 〉 Schleuse
- | Wehr oder Sperrung

DIE WICHTIGSTEN WASSERSTRASSEN NACH BERLIN

Schleusenzeiten:
Die Schleusungen werden in der Regel im Sommer zwischen 08.00 h und 20.00 h werktags (teilweise auch nur um 19.00 h) sowie von 07.00 - 18.00 h sonn- und feiertags, im Winter von 07.00 h - 18.00 h durchgeführt. Einige Schleusen haben auch etwas längere Schleusenzeiten. Bei größerem Schleusenandrang werden die Betriebszeiten ggfs. den Bedürfnissen angepasst.

Fahrzeuge der Berufsschifffahrt haben Vorrang. Überholen im Schleusenbereich ist nicht gestattet. Die größte Breite beträgt 9 m, die größte Länge 80 m und der größte Tiefgang 2 m.

Brücken:
Die geringste Durchfahrthöhe liegt bei 3,60 m.

Höchstgeschwindigkeiten:
Elbe - keine Höchstgeschwindigkeit, übrige Wasserstrassen (ausgenommen Berlin) - 9 km/h, auf Verbindungsstrecken von und zu Häfen sowie in Häfen - 6 km/h.

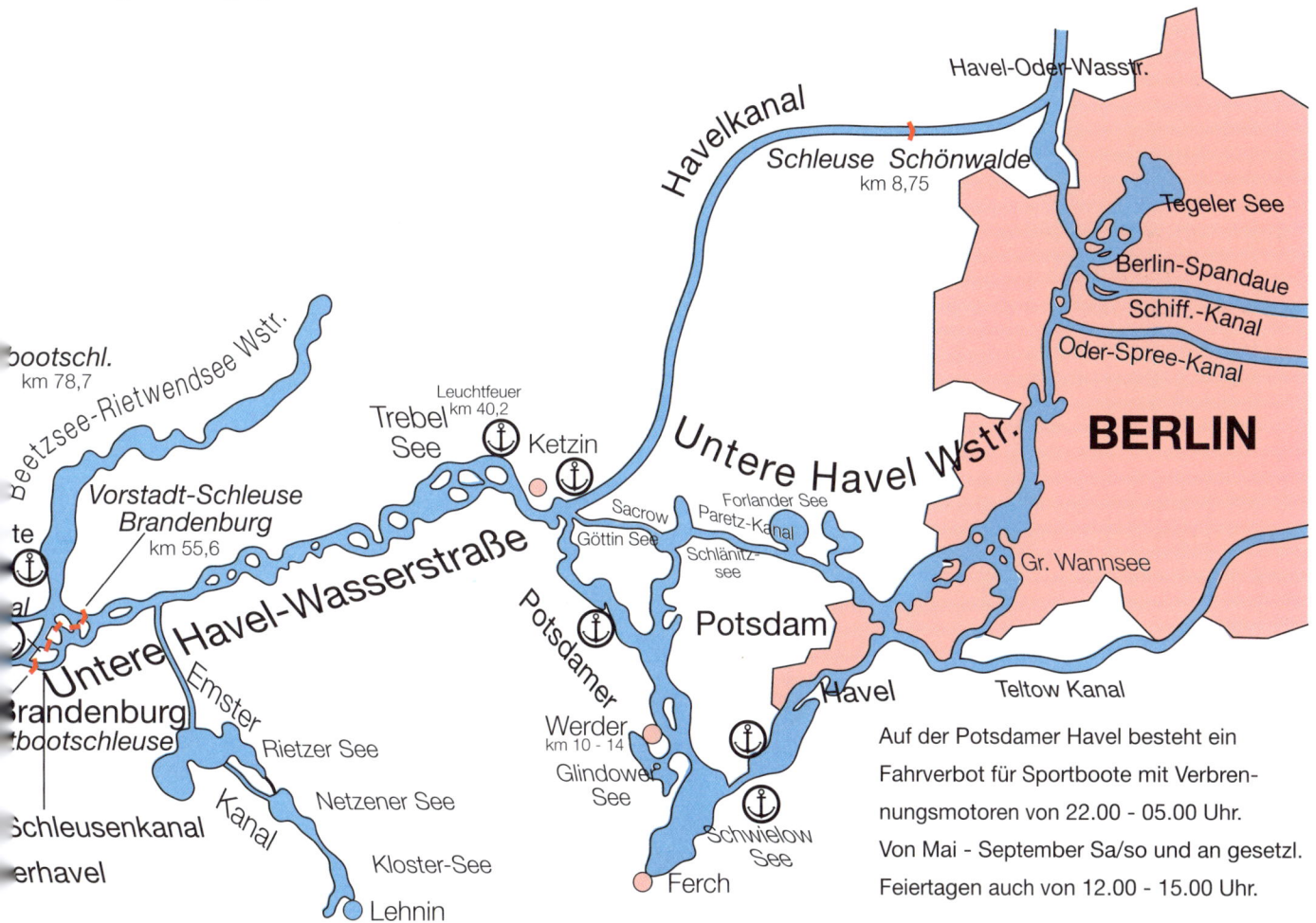

Auf der Potsdamer Havel besteht ein Fahrverbot für Sportboote mit Verbrennungsmotoren von 22.00 - 05.00 Uhr. Von Mai - September Sa/so und an gesetzl. Feiertagen auch von 12.00 - 15.00 Uhr.

Achtung: Die Tauchtiefen sind veränderlich. Sie sollten über Rundfunk kontrolliert- oder beim Schleusenmeister erfragt werden. Der NDR sendet täglich um 9.00 Uhr die Wasserstände auf UKW 92,5; ausserdem gibt das Wasser- und Schifffahrtsamt Lauenburg (Tel.: 041 53/5940) Auskunft über die Fahrwasserverhältnisse, Sperrungen und Sonstiges. Hinweise zum Nautischen Informationsdienst finden Sie auf den Seiten 4 und 67.

HINWEISE FÜR BINNENSCHIFFFAHRTSSTRASSEN

Auf den Binnenschifffahrtsstraßen gilt die Binnenschifffahrtsstraßen-Ordnung einschließlich der von den Wasser- und Schifffahrtsdirektionen erlassenen Anordnungen. Ausführlich beschrieben in der neuen Broschüre „Wassersport auf Bundeswasserstraßen zwischen Elbe und Oder" der WSD Ost.
Erhältlich bei wsd-ost@wsv.bund.de

Hinweise für die Binnenschifffahrt und gewässerkundliche Informationen wie z.B. Wasserstände, Tauchtiefen etc. finden sich bei **www.elwis.de**.

Der Geltungsbereich für die Binnenschifffahrtsstraßen-Ordnung beginnt bei Elbe-km 607,5 (obere Grenze des Hamburger Hafens bei Oortkaten) und geht bis km 0; eingeschlossen sind die angrenzenden Kanäle und Zuflüsse.

Alle Verkehrsteilnehmer müssen die Verkehrsvorschriften beachten. Besonders hingewiesen wird auf die allegemeinen Sorgfaltspflichten der Schiffsführer und die Einhaltung der Fahrregeln. Z.B. einzeln fahrende Fahrzeuge unter 20 m Länge (Kleinfahrzeuge) sowie Schleppfahrzeuge und gekuppelte Fahrzeuge, die ausschliesslich aus Kleinfahrzeugen bestehen, müssen allen übrigen Fahrzeugen den für ihren Kurs und zum Manövrieren notwendigen Raum lassen. Sie können nicht verlangen, dass diese ihnen ausweichen. Segeln ist auf den Kanälen nicht erlaubt. Auch Kleinfahrzeuge unterliegen der Kennzeichnungspflicht (s. Seite 87)

Auf der Mittelelbe oberhalb der Lauenburger Elbbrücke werden abhängig zur Wasserführung amtliche Tauchtiefen festgesetzt, die bei Abladung der Fahrzeuge nicht überschritten werden dürfen.

Vom Hamburger Hafen bis zur Stauanlage Geesthacht liegt die Oberelbe im Tidengebiet. Voll abgeladene Schiffe müssen je nach Wasserführung der Oberelbe tideabhängig fahren und die Windbedingungen (starker Ostwind führt z.B. zu geringe Wassertiefe) mit in Betracht ziehen. Unterhalb von Geesthacht sind im Tidebereich drei Schifffahrtspegel aufgestellt, die in Verbindung mit den vom WSA Lauenburg bekanntgegebenen Peiltiefen bei Bedarf zur Ermittlung der Wassertiefe in der Fahrrinne durch den Schiffsführer dienen. Die Bezeichnung der Fahrrinne und der Fahrrinnenübergänge richtet sich nach der Bekanntmachung der WSD Ost.
(Beispiel S. 62)

Bei Eisgang und Hochwasser sind örtliche Verkehrsregelungen und besondere Hinweise unbedingt zu beachten.

Das rechte und das linke Ufer werden stets von der Quelle aus bezeichnet (Talfahrt).

Über Fahrwasserverhältnisse, Sperrungen und sonstiges geben während der Dienstzeiten Auskunft:

WSA Lauenburg, Tel.: 04153/558-0 oder -348
poststelle@wsa-lauenburg.wsv.de
WSA Magdeburg, Tel.: 0351/5300

Der Nachweis der Befähigung zum Führen eines Sportbootes unterliegt der Sportbootführerscheinverordnung Binnen und ist entweder über den DMYV oder den DSV zu erhalten. (Adressen s. Seite 87 „Kennzeichnungspflicht f. Kleinfahrzeuge)

Harburger Häfen

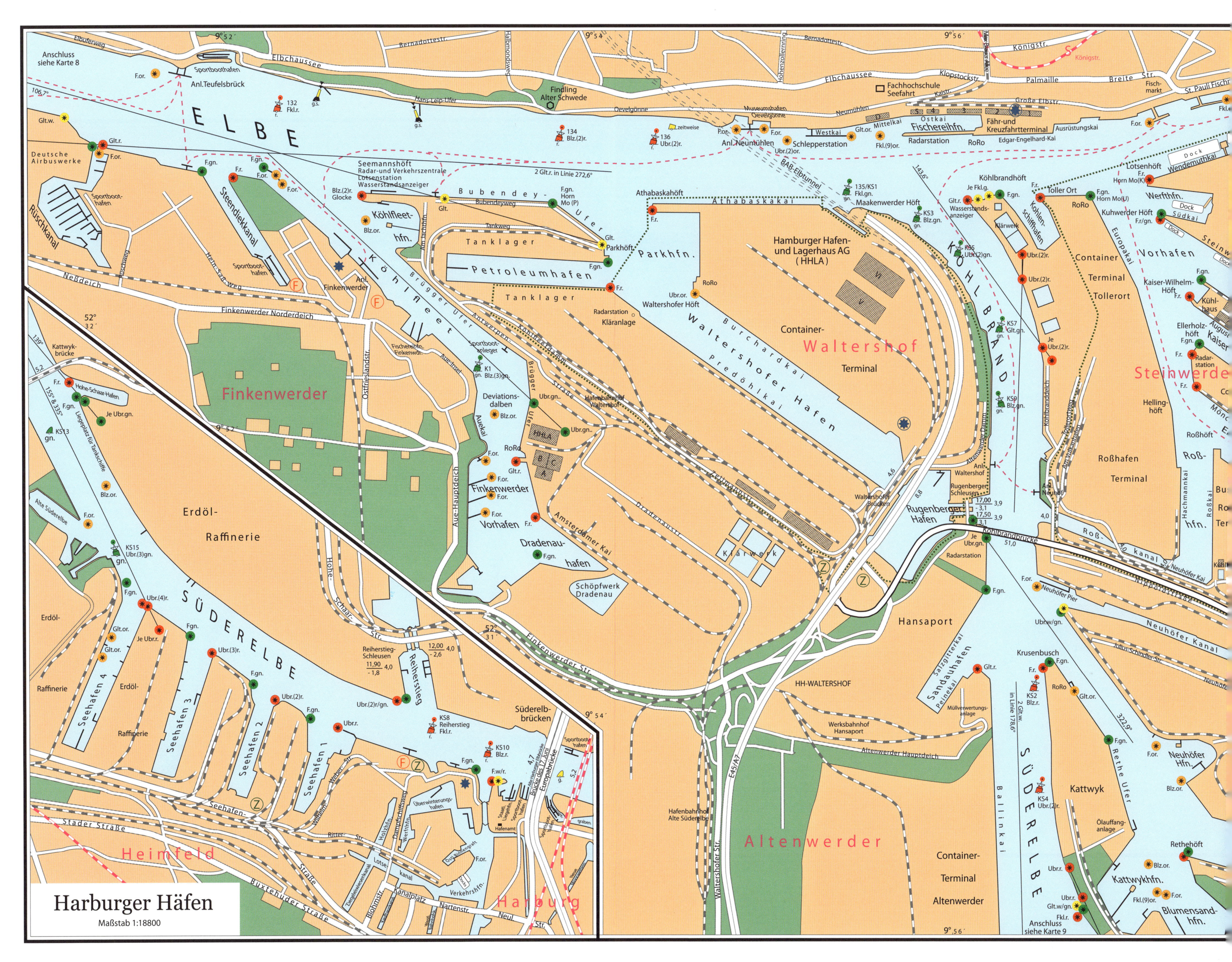

Maßstab 1:18800

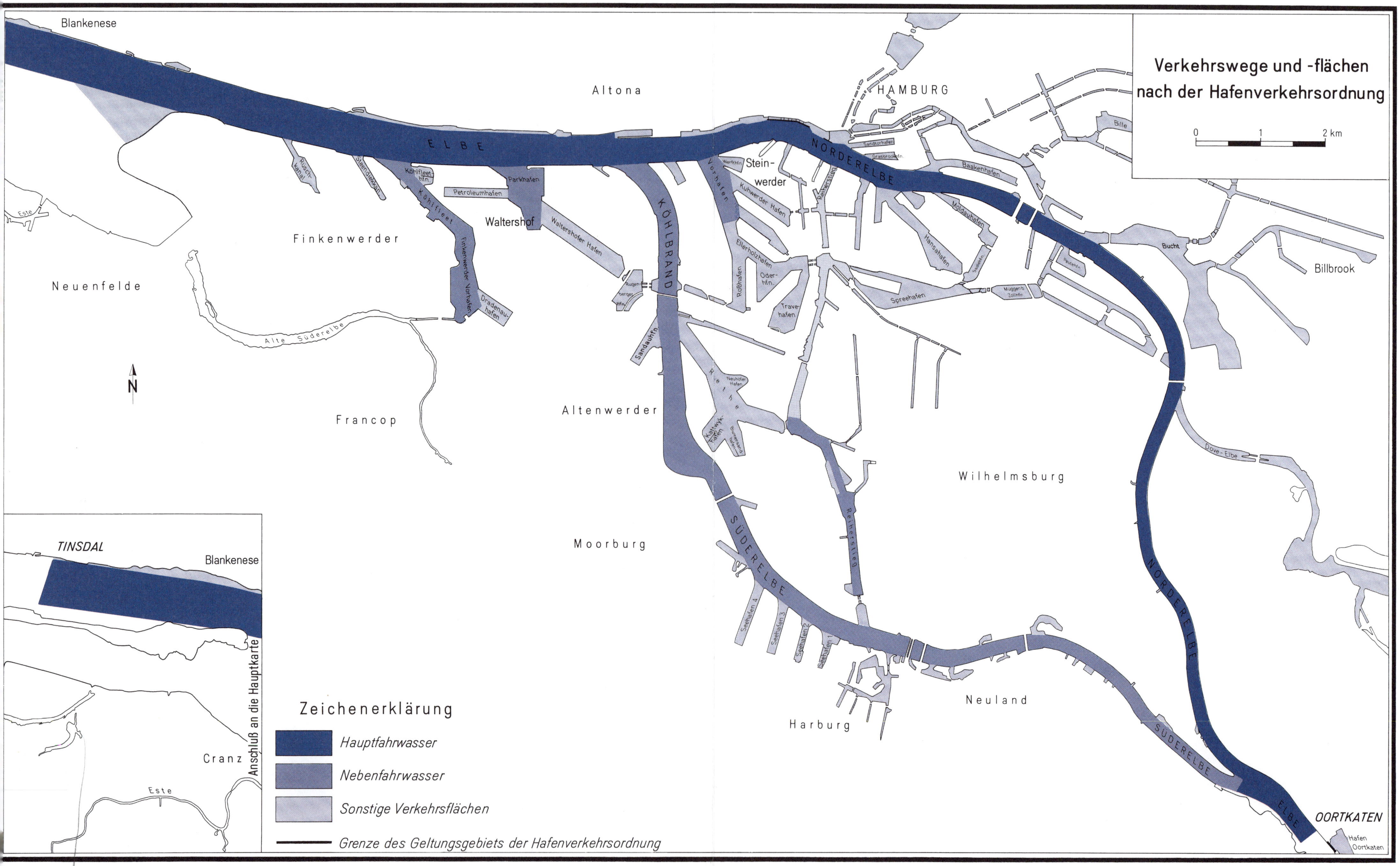

Verkehrswege und -flächen nach der Hafenverkehrsordnung

Zeichenerklärung

- Hauptfahrwasser
- Nebenfahrwasser
- Sonstige Verkehrsflächen
- Grenze des Geltungsgebiets der Hafenverkehrsordnung

VORSCHRIFTEN FÜR DEN HAMBURGER HAFEN UND DIE RANDGEBIETE

1. Geltungsgebiet
Der Hamburger Hafen erstreckt sich von Oortkaten bis Tinsdal (Elb-km 607,5 bis 639). In diesem Gebiet und den Randgebieten, auf der Alster und ihren Kanälen und Fleeten, unterhalb des Bille-Schöpfwerkes, auf der Dove-Elbe (Bezirk Bergedorf), auf der Gose-Elbe, dem Neuen Schleusengraben, dem Schleusengraben bis zum Serrahnwehr und in den Häfen Oortkaten und Zollenspieker gilt das Hafenverkehrs- und Schifffahrtsgesetz (HVSchG).

**Zuständige Behörde für den Hamburger Hafen ist die Hamburg Port Authority HPA
Neuer Wandrahm 4 · 20457 Hamburg
Telefon: 040/42847-0
E-Mail: info@hpa.hamburg.de**

Hafenverkehrsordnung (Auszug)
...auf allen Verkehrswegen und -flächen an die rechte Seite des Fahrwassers (zu) halten.

Alle in Fahrt befindlichen Fahrzeuge - einschließlich der außergewöhnlichen Schlepp- und Schubverbände - müssen den Wegerechtschiffen ausweichen.

...sind beim Begegnen und Überholen die Vorschriften der KVR (Regeln 13 und 14) und die SeeSchStrO (§§ 23,24) zu beachten.

...Durch diese Sonderregelung sollen die sogen. „Umfahrten" erfasst werden, bei denen ein zweimaliges Kreuzen des gesamten Fahrwassers in der Regel höhere Risiken birgt, als ein hinsichtlich Zeit und Entfernung kurzes Verbleiben auf der falschen Seite. Voraussetzung bleibt selbstverständlich, dass der durchgehende Verkehr nicht behindert wird.

§ 21 Fahrregeln für Sportfahrzeuge
(1) Auslaufende Segelfahrzeuge dürfen im Hauptfahrwasser der Unterelbe von der Einfahrt Rüschkanal bis zur Landesgrenze die Wasserflächen südlich des südlichen Tonnenstriches benutzen. Segelfahrzeuge, die kreuzen müssen, dürfen die durchgehende Schifffahrt nicht behindern. Für Segelfahrzeuge untereinander gelten auf sonstigen Verkehrsflächen im Hamburger Hafen abweichende von § 20 Abs. 3 Nr. 3 die Ausweichregeln der KVR.1(in erster Linie Finkenwerder Dreieck)

(2) Fahrzeuge unter Ruder müssen auf der Norderelbe zwischen Niederhafen und Fischereihafen an der Nordseite hinter den Landungsanlagen fahren (auch Ruderboote, Kanus und Kajaks); sie dürfen sich auf der Süder- und Oberelbe zwischen Brücke des 17.Juni und der Hafengrenze bei Oortkaten in beiden Fahrtrichtungen nahe dem südlichen Ufer halten. (Die Sonderregelung für die Süderelbe soll die Gefährdung der kleinen Sportboote durch große und schnelllaufende Binnenmotorfahrzeuge in dem vorwiegend hart am Nordufer verlaufenden Fahrwasser und beim Passieren der Koppelstelle reduzieren).

§ 31 Ankern
(1) Fahrzeuge dürfen nur mit Erlaubnis der zuständigen Behörde ankern. Das Ankerverbot gilt nicht für die Wasserflächen im Mühlenberger Loch, auf der Elbe unterhalb des Mühlenberger Lochs und auf dem Köhlbrand sowie
1. für die Benutzung des Ankers zum Drehen oder Schwojen oder bei unmittelbarer Gefahr,
2. außerhalb des Tonnenstrichs auf der Elbe
3. auf der Norderelbe oberhalb der Freihafenelbbrücke,
4. auf der Süderelbe oberhalb der Brücke des 17. Juni.

(2) Das Ankern und das Schleppen von Ankern ist verboten:
1. an Stellen, an denen Kabel und Düker liegen,
2. in den Schleusen und Sperrwerken sowie unter Brücken,
3. über den Elbtunneln,
4. an Stellen, die durch Ankerverbotsschilder gekennzeichnet sind,
5. im Ankerbereich von Baggern, Rammen oder sonstigen schwimmenden Geräten, die zu Bau- und Bergungsarbeiten eingesetzt sind, sowie an Stellen an denen im oder am Strom Bauarbeiten ausgeführt werden.

Folgendes Landes- bzw. Bundesvorschriften gelten bzw. finden Anwendung in Hamburg als Landesrecht:
- Hafenverkehrsordnung (HVO)
- Kollisionsverhütungsregeln (KVR)
- Seeschifffahrtsstraßen-Ordnung (SeeSchStrO)
- Binnenschifffahrtsstraßen-Ordnung (BinSchStrO) in den Häfen Oortkaten + Zollenspieker
- Hafenpatentverordnung (HPVO)
- Binnenschifferpatentverordnung.
- Sportbootführerscheinverordnung (SpoboFüV)
- Hafenfahrzeugverordnungen (HFzV)
- Binnenschiffs-Untersuchungsordnung (BinSchUO)
- Hafensicherheitsverordnung (HSVO) mit GGVSee, ADNR, GGVE, RID, GGVS und ADR
- Hafengesundheitsverordnung (HGesVO)
- Landschaftsschutz VO Mühlenberger Loch

DIE ELBFAHRT

In den 30er Jahren entstanden ist DIE ELBFAHRT jetzt in frischer und modernisierter Form im PESCHKE VERLAG neu erschienen.

DIE ELBFAHRT ist eine liebevoll illustrierte Karte der Elbe von Hamburg bis Helgoland.
Die Karte enthält viele Informationen entlang des Flussverlaufes, die Hafencity, Speicherstadt und Helgoland werden beschrieben.

Auf der Rückseite der Karte finden Sie viele Fotos und Informationen zu Hamburgs maritimer Seite.

Als Leporello gefaltet lässt sich die Karte auf 120 cm ausklappen.
Sie wird von einem stabilen Umschlag geschützt.

Herausgeber: Peschke Verlag und ELBE&FLUT Edition.
Zum Preis von 9,80 Euro. Erhältlich bei: Peschke Verlag, info@die-elbe.de
Tel.: 040/ 880 61 29 oder im Buchhandel.

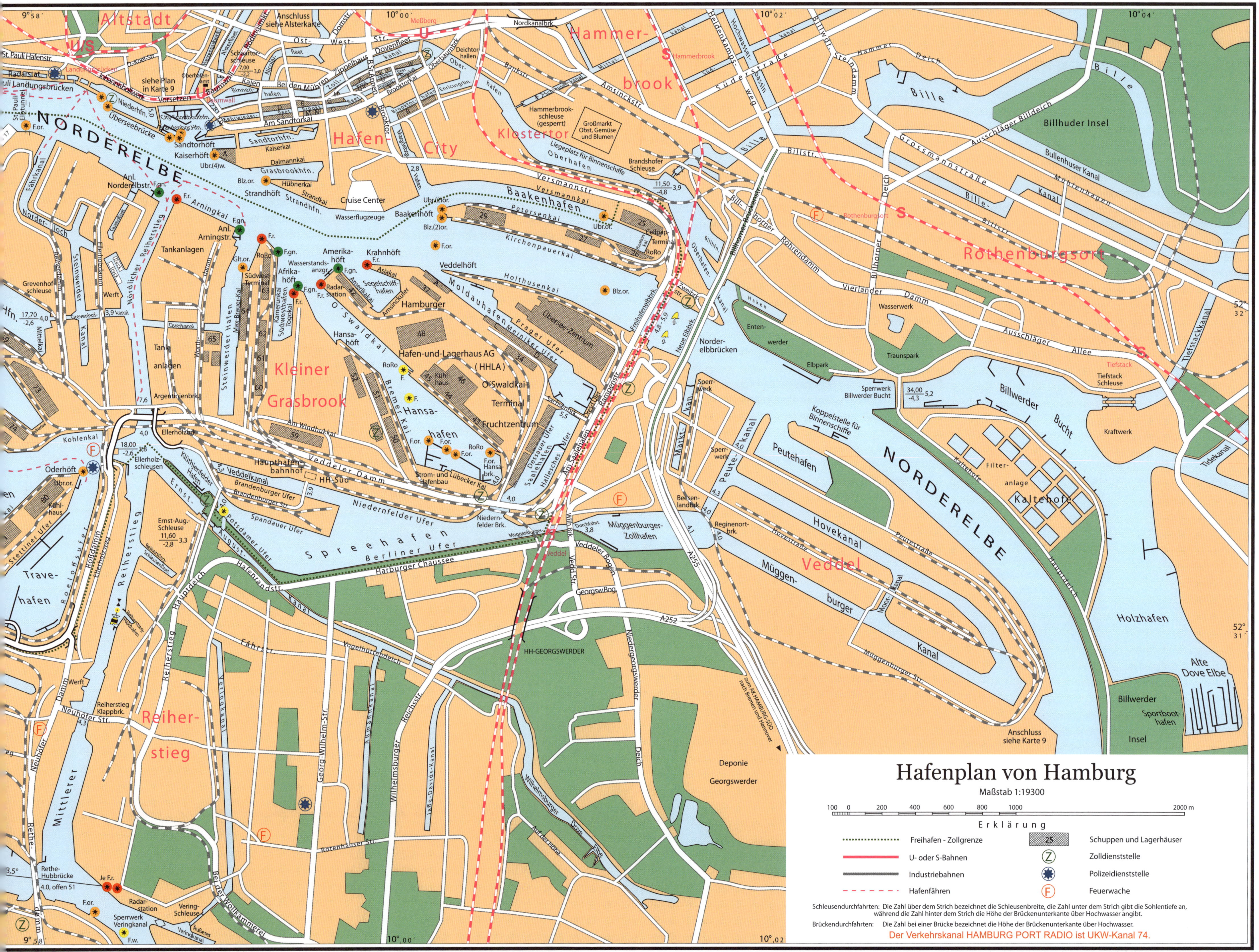
Hafenplan von Hamburg
Maßstab 1:19300
100 0 200 400 600 800 1000 2000 m
Erklärung
Freihafen - Zollgrenze
U- oder S-Bahnen
Industriebahnen
Hafenfähren
Schuppen und Lagerhäuser
Zolldienststelle
Polizeidienststelle
Feuerwache
Schleusendurchfahrten: Die Zahl über dem Strich bezeichnet die Schleusenbreite, die Zahl unter dem Strich gibt die Sohlentiefe an, während die Zahl hinter dem Strich die Höhe der Brückenunterkante über Hochwasser angibt.
Brückendurchfahrten: Die Zahl bei einer Brücke bezeichnet die Höhe der Brückenunterkante über Hochwasser.
Der Verkehrskanal HAMBURG PORT RADIO ist UKW-Kanal 74.
Altstadt
Hammerbrook
Klostertor
Hafen-City
Rothenburgsort
Kleiner Grasbrook
Veddel
Reiherstieg
NORDERELBE
Baakenhafen
Hansahafen
Spreehafen
Travehafen
Peutehafen
Müggenburger Kanal
Hovekanal
Billwerder Bucht
Billhuder Insel
Kaltehofe
Holzhafen
Alte Dove Elbe
Billwerder Insel
Deponie Georgswerder
Cruise Center
Hafen-und-Lagerhaus AG (HHLA)
O'Swaldkai-Terminal
Fruchtzentrum
Überseezentrum
Norderelbbrücken
Entenwerder
Elbpark
Traunspark
Kraftwerk
Anschluss siehe Karte 9
siehe Plan in Karte 9
Anschluss siehe Alsterkarte
HH-GEORGSWERDER
HH-Süd
A255
A252

Verbindungsweg Elbe - Alster

Durchschleusen:
Mit gelegtem Mast durch die Schaartorschleuse in das Alsterfleet.

Durchfahrt zur Binnenalster/Außenalster:
Durch das Alsterfleet, Alsterschleuse, Reesendammbrücke, Lombards- und Kennedybrücke.

Verlade- und Slipmöglichkeiten:
Hamburger Segelclub e. V. - Kran bis 2000kg und Slip
Norddeutscher Regattaverein - Kran bis 2000kg

▲ Bootsvermietung

1000 m

# HanseNautic

BADE & HORNIG · ECKARDT & MESSTORFF

über 200 Jahre gemeinsame Erfahrung

Gratis-Katalog
„Die Handmappe"

gleich bestellen!

See- und Binnenkarten
Elektronische Navigation
Nautische Fachbücher

20459 Hamburg · Herrengraben 31 · Tel.: 040/37 48 42-0
Fax 040/37 50 07 68 · Email: info@hansenautic.de · www.hansenautic.de

KENNZEICHNUNGSPFLICHT FÜR KLEINFAHRZEUGE AUF DEN BINNENSCHIFFFAHRTSSTRASSEN

Seit **Mai 1995** besteht **Kennzeichnungspflicht** für Motorboote mit mehr als 2,21 kW Antriebsleistung.
Seit **Mai 1997** sind Segelboote mit mehr als 5,50 m Länge zu kennzeichnen.

Es wird unterschieden zwischen
1. amtlichen Kennzeichen
- erhältlich bei allen WSÄ, ähnlich wie Autokennzeichen
- Binnenschiffsregisternummer
- Funkrufzeichen, Seeschiffsregisternummer, IMO-Nummer
- für Fahrzeuge die sonst nur auf Seeschifffahrtsstraßen verkehren, die Nummer des vom BSH ausgestellten Flaggenzertifikats
- Anträge erhältlich beim

Bundesamt für Seeschifffahrt und Hydrographie
Postfach 30 12 20 · 20305 Hamburg
Die Kennzeichen werden auf Antrag nach Vorlage der wichtigsten Fahrzeugdaten und Eigentums-Urkunde bzw. z.B. des Bootsbriefes zugeteilt.

2. amtlich anerkannten Kennzeichen
(nicht für Wassermotorräder zugelassen)
= Nummer des Internationalen Bootsscheine (IBS) gefolgt von dem Kennbuchstaben M (DMYV), S (DSV) oder A (ADAC)

Deutscher Motoryacht-Verband (DMYV)
Vinckeufer 12-14 · 47119 Duisburg

Deutscher Segler Verband (DSV)
Gründgensstraße 18 · 22309 Hamburg

ADAC
- Sportschifffahrt -
Am Westpark 8 · 81373 München

FREIGEGEBENE STRECKEN FÜR DAS WASSERSKIFAHREN IM BEREICH DER BIN.SCH.STR. ELBE

Die Wasserskiverordnung erhalten Sie beim jeweils zuständigen WSA oder im Internet

1. Jeweils eine Fläche zwischen
   Strom-km 487,2 und 489,2 (bei Vietze)
   Strom-km 525,5 und 527,5 (unterhalb Hitzacker)
   Strom-km 533,5 und 535,5 (bei Kl. Kühren)
   Strom-km 552,3 und 554,0 (unterhalb Bleckede)
   Strom-km 563,5 und 566,0 (bei Barförde)

   jeweils am linken Ufer zwischen der Streichlinie (Verbindungslinie der Buhnenköpfe) und einer Linie, die 100 m parallel hierzu verläuft.

2. Eine Fläche am rechten Ufer bis zur Strommitte zwischen Strom-km 566,5 und 568,85 (oberhalb Lauenburg)

3. Die Strecke beim Wehr Geesthacht zwischen
   Strom-km 584,0 und 585,0 (oberhalb) und
   Strom-km 586,2 und 587,5 (unterhalb) sowie die Strecke zwischen
   Strom-km 600,0 und 603,0 (Fliegenberg/Howe)

   Beim Wehr und an der Schleuse Geesthacht sind die Schifffahrtszeichen und Hinweisschilder zu beachten. Die Elbe ist 300 m unterhalb und 900 m oberhalb des Wehres gesperrt. **Am Wehr besteht Lebensgefahr!!**

ÜBERSICHTSKARTE DER EIDER

1 : 100 000

1 2 3 4 5km

⚓ Sportboothafen/-Anleger
➤ Schleuse

zulässige Höchstgeschwindigkeit:
Oberhalb Eisenbahnbrücke
Friedrichstadt: 15km.
Gieselaukanal: 10km

HÄFEN UND LIEGEPLÄTZE FÜR DIE SPORTSCHIFFFAHRT

Schülpersiel: Sehr ruhiger Sielhafen. Gute Liegeplätze an der Schlengelanlage mit Auslegern und an der Kaje auf der Ostseite des Hafens. Duschen, WC, sonst keine Versorgungsmöglichkeiten.

Tönning: Ruhiger Hafen am Zentrum von Tönning. Liegeplätze im Mittelteil der südlichen Kaje, man liegt meistens längsseits. Versorgung in der Stadt, Tankstelle auf der Südkaje.

Friedrichstadt: Tidenfreier, ruhiger Hafen in unmittelbarer Stadtnähe. Warteschlengel auf der Westseite aussen vor der Schleuse.
Tel. Schleuse: 04881 / 239
Versorgung in der Stadt, Tankstelle 100m vom Hafen entfernt.

Nordfeld, km 78: Schlengelanlage, Wasser und WC, sonst keine Versorgungsmöglichkeiten.

Hennstedt, km 75: Schlengelanlage, Wasser WC und Duschen, sonst keine Versorgungsmöglichkeiten.

Horst, km 66.7: Schlengelanlage. Einkaufsmöglichkeiten in Hennstedt.

Süderstapel, km 61: Schlengelanlage, Versorgungsmöglichkeiten im Ort. Tankstelle in Norderstapel.

Delve, km 52: Schlengelanlage, Versorgungsmöglichkeiten im Ort.

Bargen, km 50,5: Steganlage, Versorgungsmöglichkeiten in Erfde.

Tel. Schleusen und Brücken:

Gieselau: 04332 / 499
Lexfähre: 04802 / 375
Nordfeld: 04881 / 395
Eider-Sperrwerk: 04833 / 45350

Pahlhude: 0171 / 201 20 70 (Brücke)
0481 / 850820
Friedrichstadt: Strassenklappbrücke
04881 / 260 (Brücke)   048 61 / 5690
Friedrichstadt: Eisenbahndrehbrücke
04882 / 5837 (Brücke)
Tönning: 04861 / 5244 (Brücke)
04861 / 5890

WASSERTIEFEN:

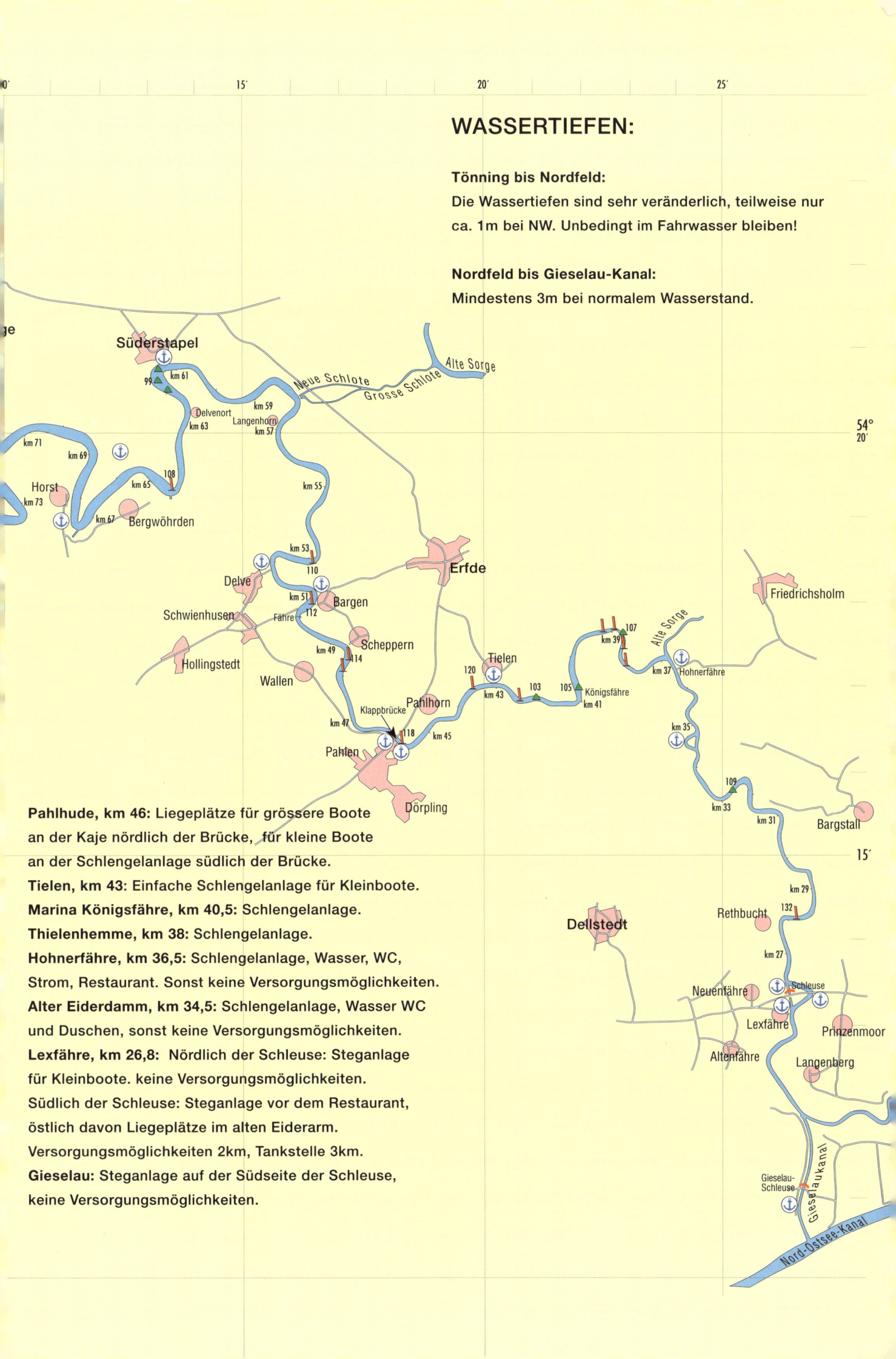

Tönning bis Nordfeld:
Die Wassertiefen sind sehr veränderlich, teilweise nur ca. 1m bei NW. Unbedingt im Fahrwasser bleiben!

Nordfeld bis Gieselau-Kanal:
Mindestens 3m bei normalem Wasserstand.

Pahlhude, km 46: Liegeplätze für grössere Boote an der Kaje nördlich der Brücke, für kleine Boote an der Schlengelanlage südlich der Brücke.
Tielen, km 43: Einfache Schlengelanlage für Kleinboote.
Marina Königsfähre, km 40,5: Schlengelanlage.
Thielenhemme, km 38: Schlengelanlage.
Hohnerfähre, km 36,5: Schlengelanlage, Wasser, WC, Strom, Restaurant. Sonst keine Versorgungsmöglichkeiten.
Alter Eiderdamm, km 34,5: Schlengelanlage, Wasser WC und Duschen, sonst keine Versorgungsmöglichkeiten.
Lexfähre, km 26,8: Nördlich der Schleuse: Steganlage für Kleinboote. keine Versorgungsmöglichkeiten. Südlich der Schleuse: Steganlage vor dem Restaurant, östlich davon Liegeplätze im alten Eiderarm. Versorgungsmöglichkeiten 2km, Tankstelle 3km.
Gieselau: Steganlage auf der Südseite der Schleuse, keine Versorgungsmöglichkeiten.

2012

TIDENKALENDER HAMBURG 2012 UND BEZUGSORTE

Hamburg, St. Pauli 2012
Breite: 53° 33' N, Länge: 9° 58' E

Tag	März HW-Zeit	NW-Zeit	Tag	April HW-Zeit	NW-Zeit
1 Do)	9:01 21:19	3:56 16:08	1 So	11:28	6:06 18:38
2 Fr	9:50 22:22	4:36 16:59			
3 Sa	11:09 23:50	5:45 18:22	2 Mo	0:03 13:01	7:36 20:14
4 So	12:43	7:19 19:58	3 Di	1:36 14:29	9:12 21:44
			4 Mi	2:55 15:38	10:29 22:52
5 Mo	1:21 14:08	8:52 21:22	5 Do	3:55 16:30	11:28 23:47
6 Di	2:35 15:14	10:06 22:27	6 Fr ○	4:43 17:15	12:16
7 Mi	3:31 16:04	11:02 23:18	7 Sa	5:28 17:57	0:35 13:02
8 Do ●	4:15 16:47	11:49	8 So	6:12 18:38	1:20 13:45
9 Fr	4:56 17:25	0:04 12:31			
10 Sa	5:36 18:03	0:45 13:12	9 Mo	6:57 19:21	2:04 14:29
11 So	6:17 18:43	1:25 13:53	10 Di	7:44 20:06	2:49 15:13
			11 Mi	8:31 20:49	3:34 15:55
12 Mo	6:59 19:25	2:05 14:33	12 Do	9:19 21:34	4:18 16:34
13 Di	7:43 20:07	2:46 15:13	13 Fr (	10:08 22:23	5:04 17:15
14 Mi	8:29 20:50	3:29 15:52	14 Sa	11:04 23:25	5:55 18:08
15 Do (	9:15 21:36	4:13 16:31	15 So	12:15	7:00 19:22
16 Fr	10:11 22:39	5:02 17:24			
17 Sa	11:26	6:09 18:41	16 Mo	0:45 13:41	8:24 20:51
18 So	0:03 12:59	7:40 20:15	17 Di	2:11 15:03	9:51 22:13
			18 Mi	3:22 16:02	10:59 23:11
19 Mo	1:33 14:25	9:14 21:40	19 Do	4:11 16:40	11:42 23:51
20 Di	2:48 15:28	10:26 22:40	20 Fr	4:49 17:15	12:15
21 Mi	3:39 16:09	11:13 23:24	21 Sa ●	5:28 17:51	0:31 12:51
22 Do ●	4:19 16:45	11:50	22 So	6:07 18:26	1:12 13:26
23 Fr	4:57 17:20	0:03 12:25			
24 Sa	5:32 17:53	0:40 12:57	23 Mo	6:41 18:56	1:48 13:57
25 So	7:04 19:21	1:13 14:27	24 Di	7:12 19:25	2:19 14:26
			25 Mi	7:45 19:56	2:49 14:55
26 Mo	7:34 19:49	2:42 14:54	26 Do	8:18 20:28	3:19 15:25
27 Di	8:05 20:18	3:11 15:21	27 Fr	8:51 21:00	3:50 15:53
28 Mi	8:37 20:47	3:40 15:48	28 Sa	9:25 21:34	4:20 16:23
29 Do	9:06 21:15	4:07 16:12	29 So)	10:05 22:21	4:56 17:05
30 Fr)	9:35 21:47	4:33 16:38			
31 Sa	10:18 22:41	5:06 17:22	30 Mo	11:05 23:30	5:48 18:10

● Neumond) erstes Viertel ○ Vollmond (letztes Viertel
Ab 25.03. 3 Uhr Mitteleuropäische Sommerzeit

Hamburg, St. Pauli 2012
Breite: 53° 33' N, Länge: 9° 58' E

Tag	Mai HW-Zeit	NW-Zeit	Tag	Juni HW-Zeit	NW-Zeit
1 Di	12:25	7:03 19:34	1 Fr	1:30 14:15	8:59 21:27
2 Mi	0:54 13:48	8:29 20:59	2 Sa	2:38 15:16	10:05 22:34
3 Do	2:12 14:56	9:45 22:10	3 So	3:41 16:14	11:07 23:38
4 Fr	3:15 15:52	10:46 23:09			
5 Sa	4:10 16:43	11:41	4 Mo ○	4:43 17:10	12:07
6 So ○	5:03 17:31	0:05 12:33	5 Di	5:40 18:02	0:38 13:00
			6 Mi	6:32 18:50	1:31 13:48
7 Mo	5:53 18:17	0:57 13:20	7 Do	7:23 19:38	2:21 14:36
8 Di	6:42 19:03	1:46 14:06	8 Fr	8:14 20:27	3:12 15:24
9 Mi	7:32 19:50	2:34 14:53	9 Sa	9:04 21:13	4:01 16:07
10 Do	8:22 20:37	3:22 15:38	10 So	9:50 21:58	4:46 16:47
11 Fr	9:12 21:23	4:10 16:20			
12 Sa (	10:02 22:13	4:57 17:02	11 Mo (	10:36 22:47	5:31 17:30
13 So	10:55 23:10	5:47 17:52	12 Di	11:25 23:40	6:17 18:19
			13 Mi		12:20 7:08 19:17
14 Mo	11:57	6:45 18:55	14 Do	0:41 13:22	8:05 20:25
15 Di	0:18 13:08	7:54 20:11	15 Fr	1:46 14:26	9:06 21:33
16 Mi	1:33 14:20	9:07 21:26	16 Sa	2:49 15:23	10:03 22:33
17 Do	2:41 15:20	10:11 22:27	17 So	3:43 16:12	10:54 23:25
18 Fr	3:34 16:05	10:57 23:14			
19 Sa	4:17 16:43	11:35 23:57	18 Mo	4:33 16:57	11:42
20 So	5:00 17:23	12:15	19 Di ●	5:20 17:39	0:13 12:27
			20 Mi	6:03 18:18	0:58 13:07
21 Mo ●	5:43 18:02	0:42 12:55	21 Do	6:42 18:54	1:38 13:44
22 Di	6:21 18:36	1:22 13:30	22 Fr	7:19 19:30	2:16 14:21
23 Mi	6:56 19:08	1:57 14:02	23 Sa	7:54 20:04	2:52 14:56
24 Do	7:30 19:41	2:30 14:35	24 So	8:30 20:39	3:26 15:30
25 Fr	8:06 20:15	3:04 15:08			
26 Sa	8:41 20:50	3:37 15:41	25 Mo	9:08 21:18	4:02 16:08
27 So	9:19 21:28	4:13 16:17	26 Di	9:52 22:03	4:44 16:51
			27 Mi)	10:39 22:51	5:29 17:38
28 Mo)	10:01 22:12	4:53 16:59	28 Do	11:30 23:48	6:17 18:32
29 Di	10:52 23:09	5:40 17:52	29 Fr	12:31	7:12 19:37
30 Mi	11:56	6:39 19:00	30 Sa	0:56 13:39	8:18 20:51
31 Do	0:17 13:07	7:48 20:15			

● Neumond) erstes Viertel ○ Vollmond (letztes Viertel
Mitteleuropäische Sommerzeit

Hamburg, St. Pauli 2012
Breite: 53° 33' N, Länge: 9° 58' E

Tag	Juli HW-Zeit	NW-Zeit	Tag	August HW-Zeit	NW-Zeit
1 So	2:09 14:47	9:30 22:07	1 Mi	4:25 16:47	11:35
			2 Do ○	5:25 17:41	0:14 12:33
2 Mo	3:21 15:54	10:41 23:20	3 Fr	6:15 18:28	1:08 13:23
3 Di ○	4:30 16:56	11:47	4 Sa	7:00 19:12	1:55 14:08
4 Mi	5:31 17:51	0:24 12:45	5 So	7:43 19:52	2:39 14:49
5 Do	6:25 18:40	1:20 13:35			
6 Fr	7:14 19:27	2:10 14:23	6 Mo	8:21 20:29	3:19 15:25
7 Sa	8:02 20:13	2:59 15:09	7 Di	8:54 21:04	3:53 15:55
8 So	8:47 20:55	3:45 15:50	8 Mi	9:25 21:38	4:22 16:25
			9 Do (	9:58 22:12	4:51 16:57
9 Mo	9:27 21:35	4:25 16:24	10 Fr	10:32 22:50	5:19 17:33
10 Di	10:05 22:14	5:01 16:59	11 Sa	11:15 23:44	5:53 18:19
11 Mi (	10:43 22:55	5:36 17:37	12 So	12:18	6:46 19:29
12 Do	11:25 23:44	6:13 18:22			
13 Fr	12:17	6:56 19:20	13 Mo	0:59 13:39	8:02 20:54
14 Sa	0:45 13:23	7:54 20:32	14 Di	2:23 14:59	9:27 22:15
15 So	1:56 14:34	9:04 21:47	15 Mi	3:37 16:04	10:40 23:19
			16 Do	4:36 16:54	11:37
16 Mo	3:06 15:38	10:12 22:51	17 Fr ●	5:23 17:36	0:10 12:25
17 Di	4:06 16:31	11:10 23:46	18 Sa	6:04 18:15	0:55 13:08
18 Mi	4:59 17:17	12:01	19 So	6:41 18:51	1:36 13:47
19 Do ●	5:45 17:59	0:34 12:46			
20 Fr	6:26 18:38	1:18 13:28	20 Mo	7:15 19:26	2:14 14:24
21 Sa	7:04 19:15	2:00 14:07	21 Di	7:50 20:02	2:49 14:59
22 So	7:38 19:48	2:37 14:43	22 Mi	8:28 20:42	3:24 15:37
			23 Do	9:11 21:28	4:03 16:19
23 Mo	8:13 20:22	3:11 15:17	24 Fr)	9:56 22:15	4:46 17:03
24 Di	8:51 21:02	3:45 15:54	25 Sa	10:41 23:06	5:27 17:50
25 Mi	9:31 21:47	4:26 16:37	26 So	11:36	6:15 18:50
26 Do)	10:20 22:34	5:11 17:22			
27 Fr	11:06 23:25	5:53 18:09	27 Mo	0:15 12:52	7:23 20:13
28 Sa	12:01	6:41 19:09	28 Di	1:42 14:19	8:51 21:46
29 So	0:31 13:11	7:46 20:27	29 Mi	3:11 15:38	10:18 23:06
			30 Do	4:22 16:39	11:27
30 Mo	1:51 14:29	9:06 21:52	31 Fr ○	5:15 17:26	0:05 12:19
31 Di	3:12 15:43	10:25 23:10			

● Neumond) erstes Viertel ○ Vollmond (letztes Viertel
Mitteleuropäische Sommerzeit

Hamburg, St. Pauli 2012
Breite: 53° 33' N, Länge: 9° 58' E

Tag	September HW-Zeit	NW-Zeit	Tag	Oktober HW-Zeit	NW-Zeit
1 Sa	5:58 18:09	0:51 13:04	1 Mo	6:09 18:22	1:01 13:17
2 So	6:38 18:49	1:32 13:46	2 Di	6:45 18:58	1:38 13:55
			3 Mi	7:17 19:31	2:11 14:27
3 Mo	7:15 19:25	2:11 14:23	4 Do	7:45 20:02	2:40 14:56
4 Di	7:48 19:59	2:46 14:56	5 Fr	8:13 20:33	3:07 15:25
5 Mi	8:18 20:31	3:16 15:25	6 Sa	8:43 21:04	3:33 15:52
6 Do	8:46 21:03	3:42 15:53	7 So	9:13 21:35	3:59 16:20
7 Fr	9:16 21:34	4:08 16:22			
8 Sa (	9:47 22:06	4:34 16:51	8 Mo (	9:47 22:15	4:27 16:54
9 So	10:24 22:52	5:02 17:29	9 Di	10:37 23:19	5:08 17:49
			10 Mi	11:52	6:16 19:11
10 Mo	11:21	5:49 18:31	11 Do	0:47 13:23	7:48 20:44
11 Di	0:04 12:43	7:04 20:00	12 Fr	2:16 14:44	9:13 22:03
12 Mi	1:36 14:14	8:38 21:33	13 Sa	3:27 15:43	10:27 23:00
13 Do	3:02 15:29	10:04 22:47	14 So	4:18 16:28	11:19 23:46
14 Fr	4:07 16:23	11:08 23:39			
15 Sa	4:55 17:05	11:56	15 Mo ●	5:00 17:11	12:06
16 So ●	5:34 17:44	0:23 12:40	16 Di	5:40 17:55	0:30 12:51
			17 Mi	6:20 18:39	1:14 13:35
17 Mo	6:11 18:23	1:04 13:20	18 Do	7:01 19:25	1:58 14:20
18 Di	6:47 19:02	1:44 14:00	19 Fr	7:45 20:11	2:41 15:05
19 Mi	7:25 19:42	2:23 14:39	20 Sa	8:29 20:57	3:23 15:49
20 Do	8:05 20:25	3:02 15:19	21 So	9:13 21:46	4:02 16:35
21 Fr	8:48 21:10	3:41 16:02			
22 Sa)	9:31 21:58	4:21 16:46	22 Mo)	10:02 22:41	4:44 17:25
23 So	10:19 22:52	5:02 17:35	23 Di	11:02 23:50	5:36 18:28
			24 Mi	12:18	6:46 19:48
24 Mo	11:18	5:53 18:38	25 Do	1:14 13:45	8:13 21:16
25 Di	0:03 12:37	7:05 20:03	26 Fr	2:40 15:03	9:39 22:30
26 Mi	1:33 14:09	8:37 21:38	27 Sa	3:47 15:58	10:45 23:19
27 Do	3:04 15:29	10:07 22:57	28 So	3:30 15:37	10:28 22:53
28 Fr	4:13 16:24	11:13 23:49			
29 Sa	4:57 17:04	11:57	29 Mo ○	4:03 16:15	11:07 23:28
30 So ○	5:33 17:43	0:26 12:37	30 Di	4:39 16:56	11:49
			31 Mi	5:17 17:34	0:05 12:29

● Neumond) erstes Viertel ○ Vollmond (letztes Viertel
Bis 28.10. 3 Uhr Mitteleuropäische Sommerzeit

2013

TIDENKALENDER HAMBURG 2013 UND BEZUGSORTE

Hamburg, St. Pauli 2013
Breite: 53° 33' N, Länge: 9° 58' E

Tag	März HW - Zeit	NW - Zeit	Tag	April HW - Zeit	NW - Zeit
1 Fr	6:33 18:56	1:38 14:02	1 Mo	8:38 20:58	3:42 16:01
2 Sa	7:10 19:36	2:15 14:40	2 Di	9:24 21:41	4:24 16:40
3 So	7:52 20:16	2:54 15:19	3 Mi ☽	10:11 22:30	5:08 17:23
			4 Do	11:10 23:37	6:00 18:21
4 Mo ☽	8:33 20:54	3:34 15:55	5 Fr	12:30	7:13 19:45
5 Di	9:15 21:39	4:13 16:33	6 Sa	1:04 14:02	8:45 21:18
6 Mi	10:11 22:45	5:01 17:28	7 So	2:32 15:22	10:14 22:37
7 Do	11:33	6:15 18:52			
8 Fr	0:14 13:08	7:51 20:28	8 Mo	3:40 16:19	11:19 23:32
9 Sa	1:44 14:34	9:24 21:51	9 Di	4:30 17:01	12:04
10 So	2:57 15:38	10:36 22:54	10 Mi ●	5:14 17:42	0:18 12:44
			11 Do	5:57 18:22	1:02 13:24
11 Mo ●	3:52 16:26	11:28 23:43	12 Fr	6:37 18:57	1:44 14:00
12 Di	4:39 17:08	12:13	13 Sa	7:12 19:28	2:20 14:32
13 Mi	5:21 17:48	0:28 12:53	14 So	7:45 19:58	2:52 15:01
14 Do	5:59 18:24	1:08 13:30			
15 Fr	6:36 18:56	1:45 14:03	15 Mo	8:19 20:29	3:23 15:30
16 Sa	7:11 19:27	2:18 14:33	16 Di	8:52 21:00	3:53 15:56
17 So	7:44 19:57	2:48 15:00	17 Mi	9:23 21:32	4:21 16:23
			18 Do ☾	9:58 22:13	4:51 16:57
18 Mo	8:16 20:26	3:17 15:26	19 Fr	10:50 23:15	5:34 17:52
19 Di ☾	8:46 20:57	3:44 15:51	20 Sa	12:05	6:43 19:13
20 Mi	9:24 21:45	4:15 16:28	21 So	0:37 13:30	8:10 20:42
21 Do	10:26 22:59	5:07 17:33			
22 Fr	11:52	6:28 19:04	22 Mo	2:00 14:45	9:32 21:58
23 Sa	0:30 13:22	8:04 20:36	23 Di	3:06 15:42	10:34 22:54
24 So	1:53 14:34	9:25 21:47	24 Mi	3:56 16:27	11:23 23:43
			25 Do ○	4:41 17:10	12:08
25 Mo	2:54 15:25	10:22 22:38	26 Fr	5:25 17:51	0:30 12:52
26 Di	3:38 16:06	11:05 23:21	27 Sa	6:09 18:32	1:14 13:35
27 Mi ○	4:16 16:43	11:44	28 So	6:54 19:16	1:59 14:20
28 Do	4:54 17:18	0:01 12:23			
29 Fr	5:32 17:55	0:39 13:01	29 Mo	7:42 20:01	2:45 15:05
30 Sa	6:12 18:34	1:18 13:41	30 Di	8:31 20:47	3:32 15:48
31 So	7:54 20:16	1:59 15:22			

● Neumond) erstes Viertel ○ Vollmond ☾ letztes Viertel
Ab 31.03. 3 Uhr Mitteleuropäische Sommerzeit

Hamburg, St. Pauli 2013
Breite: 53° 33' N, Länge: 9° 58' E

Tag	Mai HW - Zeit	NW - Zeit	Tag	Juni HW - Zeit	NW - Zeit
1 Mi	9:20 21:34	4:19 16:30	1 Sa	11:06 23:22	5:59 18:06
2 Do ☽	10:12 22:28	5:07 17:18	2 So	12:07	6:58 19:09
3 Fr	11:12 23:34	6:03 18:18			
4 Sa	12:25	7:11 19:33	3 Mo	0:29 13:15	8:01 20:19
5 So	0:53 13:46	8:32 20:56	4 Di	1:39 14:21	9:07 21:28
			5 Mi	2:43 15:19	10:06 22:28
6 Mo	2:12 14:59	9:50 22:09	6 Do	3:38 16:07	10:55 23:20
7 Di	3:16 15:52	10:49 23:02	7 Fr	4:27 16:52	11:40
8 Mi	4:05 16:34	11:32 23:48	8 Sa ●	5:15 17:36	0:10 12:26
9 Do	4:49 17:16	12:12	9 So	6:01 18:15	0:57 13:07
10 Fr ●	5:35 17:58	0:35 12:54			
11 Sa	6:18 18:34	1:21 13:32	10 Mo	6:39 18:50	1:37 13:42
12 So	6:54 19:06	1:58 14:04	11 Di	7:13 19:23	2:11 14:14
			12 Mi	7:46 19:55	2:43 14:46
13 Mo	7:26 19:37	2:30 14:35	13 Do	8:19 20:28	3:15 15:17
14 Di	8:00 20:10	3:01 15:05	14 Fr	8:53 21:02	3:47 15:50
15 Mi	8:34 20:43	3:32 15:34	15 Sa	9:29 21:39	4:22 16:26
16 Do	9:08 21:17	4:03 16:05	16 So)	10:10 22:22	5:01 17:07
17 Fr	9:43 21:54	4:37 16:39			
18 Sa)	10:27 22:44	5:16 17:26	17 Mo	10:57 23:13	5:43 17:56
19 So	11:27 23:50	6:09 18:30	18 Di	11:55	6:35 18:57
			19 Mi	0:16 13:02	7:39 20:07
20 Mo	12:40	7:18 19:46	20 Do	1:25 14:09	8:48 21:20
21 Di	1:05 13:53	8:33 21:01	21 Fr	2:34 15:13	9:57 22:30
22 Mi	2:14 14:55	9:41 22:06	22 Sa	3:41 16:14	11:02 23:31
23 Do	3:13 15:49	10:38 23:04	23 So ○	4:44 17:10	12:03
24 Fr	4:08 16:40	11:33			
25 Sa ○	5:02 17:28	0:01 12:25	24 Mo	5:42 18:02	0:37 12:57
26 So	5:52 18:14	0:53 13:13	25 Di	6:35 18:53	1:31 13:49
			26 Mi	7:29 19:45	2:25 14:41
27 Mo	6:42 19:03	1:43 14:02	27 Do	8:21 20:34	3:19 15:31
28 Di	7:35 19:52	2:34 14:51	28 Fr	9:10 21:21	4:09 16:15
29 Mi	8:27 20:41	3:26 15:39	29 Sa	9:57 22:08	4:54 16:57
30 Do	9:18 21:30	4:16 16:24	30 So ☾	10:44 22:58	5:40 17:42
31 Fr ☾	10:10 22:23	5:06 17:12			

● Neumond) erstes Viertel ○ Vollmond ☾ letztes Viertel
Mitteleuropäische Sommerzeit

Hamburg, St. Pauli 2013
Breite: 53° 33' N, Länge: 9° 58' E

Tag	Juli HW - Zeit	NW - Zeit	Tag	August HW - Zeit	NW - Zeit
1 Mo	11:34 23:53	6:26 18:32	1 Do	0:02 12:33	7:08 19:42
2 Di	12:28	7:15 19:30	2 Fr	1:10 13:47	8:14 21:02
3 Mi	0:54 13:31	8:10 20:38	3 Sa	2:28 15:03	9:32 22:20
4 Do	2:01 14:37	9:13 21:48	4 So	3:40 16:07	10:42 23:23
5 Fr	3:07 15:38	10:16 22:52			
6 Sa	4:05 16:31	11:12 23:47	5 Mo	4:37 16:56	11:38
7 So	4:57 17:16	12:01	6 Di ●	5:23 17:36	0:12 12:23
			7 Mi	6:02 18:13	0:53 13:02
8 Mo ●	5:43 17:57	0:34 12:45	8 Do	6:37 18:47	1:31 13:39
9 Di	6:23 18:34	1:11 13:19	9 Fr	7:08 19:18	2:05 14:12
10 Mi	6:58 19:08	1:53 13:58	10 Sa	7:37 19:48	2:35 14:42
11 Do	7:30 19:40	2:27 14:31	11 So	8:08 20:20	3:04 15:14
12 Fr	8:01 20:10	2:58 15:02			
13 Sa	8:33 20:43	3:28 15:33	12 Mo	8:45 21:00	3:38 15:51
14 So	9:10 21:21	4:02 16:10	13 Di	9:26 21:41	4:18 16:31
			14 Mi)	10:05 22:20	4:57 17:09
15 Mo	9:50 22:02	4:42 16:49	15 Do	10:46 23:09	5:32 17:52
16 Di)	10:31 22:44	5:21 17:30	16 Fr	11:43	6:19 18:55
17 Mi	11:18 23:37	6:01 18:18	17 Sa	0:19 13:01	7:31 20:21
18 Do	12:17	6:54 19:24	18 So	1:47 14:27	9:00 21:52
19 Fr	0:45 13:30	8:03 20:44			
20 Sa	2:04 14:45	9:22 22:06	19 Mo	3:14 15:44	10:25 23:11
21 So	3:23 15:55	10:39 23:20	20 Di	4:27 16:46	11:36
			21 Mi ○	5:25 17:39	0:14 12:34
22 Mo ○	4:33 16:58	11:47	22 Do	6:14 18:27	1:08 13:24
23 Di	5:34 17:52	0:25 12:46	23 Fr	7:00 19:12	1:56 14:10
24 Mi	6:28 18:43	1:21 13:38	24 Sa	7:43 19:55	2:41 14:52
25 Do	7:18 19:32	2:14 14:28	25 So	8:22 20:34	3:21 15:30
26 Fr	8:07 20:19	3:05 15:15			
27 Sa	8:51 21:01	3:55 15:56	26 Mo	8:57 21:11	3:56 16:04
28 So	9:31 21:43	4:30 16:32	27 Di	9:30 21:48	4:27 16:37
			28 Mi ☾	10:05 22:25	4:57 17:10
29 Mo ☾	10:10 22:25	5:06 17:10	29 Do	10:43 23:10	5:29 17:49
30 Di	10:50 23:09	5:43 17:50	30 Fr	11:36	6:10 18:46
31 Mi	11:35	6:21 18:38	31 Sa	0:15 12:51	7:15 20:08

● Neumond) erstes Viertel ○ Vollmond ☾ letztes Viertel
Mitteleuropäische Sommerzeit

Hamburg, St. Pauli 2013
Breite: 53° 33' N, Länge: 9° 58' E

Tag	September HW - Zeit	NW - Zeit	Tag	Oktober HW - Zeit	NW - Zeit
1 So	1:40 14:19	8:41 21:38	1 Di	2:16 14:49	9:18 22:08
			2 Mi	3:29 15:50	10:31 23:05
2 Mo	3:04 15:35	10:06 22:53	3 Do	4:20 16:31	11:21 23:45
3 Di	4:10 16:29	11:11 23:45	4 Fr	4:57 17:07	12:00
4 Mi	4:56 17:08	11:57	5 Sa ●	5:32 17:43	0:21 12:38
5 Do ●	5:33 17:43	0:24 12:36	6 So	6:07 18:21	0:59 13:17
6 Fr	6:07 18:17	0:59 13:12			
7 Sa	6:39 18:50	1:34 13:46	7 Mo	6:41 18:59	1:36 13:55
8 So	7:09 19:23	2:06 14:20	8 Di	7:18 19:38	2:14 14:35
			9 Mi	7:57 20:20	2:52 15:15
9 Mo	7:42 19:58	2:39 14:54	10 Do	8:37 21:03	3:30 15:56
10 Di	8:20 20:37	3:14 15:31	11 Fr	9:19 21:49	4:08 16:38
11 Mi	9:00 21:19	3:52 16:11	12 Sa)	10:07 22:45	4:50 17:28
12 Do)	9:40 22:01	4:30 16:51	13 So	11:10	5:45 18:23
13 Fr	10:22 22:52	5:07 17:35			
14 Sa	11:22	5:56 18:40	14 Mo	0:00 12:33	7:02 20:03
15 So	0:06 12:44	7:12 20:01	15 Di	1:31 14:03	8:36 21:35
			16 Mi	2:57 15:18	10:01 22:48
16 Mo	1:39 14:16	8:47 21:45	17 Do	4:01 16:12	11:03 23:37
17 Di	3:09 15:34	10:16 23:03	18 Fr	4:46 16:56	11:49
18 Mi	4:18 16:32	11:23	19 Sa ○	5:26 17:40	0:17 12:35
19 Do ○	5:09 17:19	0:00 12:15	20 So	6:08 18:23	0:59 13:20
20 Fr	5:53 18:04	0:46 13:01			
21 Sa	6:35 18:47	1:29 13:45	21 Mo	6:47 19:02	1:39 14:01
22 So	7:14 19:27	2:10 14:26	22 Di	7:20 19:38	2:14 14:36
			23 Mi	7:51 20:13	2:46 15:08
23 Mo	7:50 20:05	2:47 15:02	24 Do	8:22 20:46	3:15 15:38
24 Di	8:22 20:40	3:19 15:35	25 Fr	8:54 21:18	3:43 16:07
25 Mi	8:53 21:14	3:48 16:05	26 Sa	9:27 21:54	4:11 16:38
26 Do	9:25 21:47	4:16 16:35	27 So ☾	9:08 21:42	3:45 16:20
27 Fr ☾	9:59 22:26	4:44 17:08			
28 Sa	10:46 23:24	5:21 17:57	28 Mo	10:06 22:52	4:36 17:25
29 So	11:55	6:20 19:12	29 Di	11:24	5:50 18:45
			30 Mi	0:16 12:48	7:18 20:08
30 Mo	0:46 13:24	7:46 20:45	31 Do	1:33 13:56	8:35 21:12

● Neumond) erstes Viertel ○ Vollmond ☾ letztes Viertel
Bis 27.10. 3 Uhr Mitteleuropäische Sommerzeit

GEZEITENUNTERSCHIEDE GEGEN HAMBURG ST. PAULI

Gezeitenunterschiede gegen Hamburg St. Pauli

Ort	HW h:min	NW h:min
Cuxhaven, Steubenhöft	-3:32	-3:58
Osteriff	-2:45	-2:59
Brunsbüttel	-2:27	-2:37
Stör-Sperrwerk	-1:25	-1:49
Glückstadt	-1:20	-1:45
Stadersand, Schwinge	-0:48	-1:03

© Nachdruck mit Genehmigung des Bundesamtes für Seeschifffahrt und Hydrographie, Hamburg und Rostock